MARCO MEZZADRI

RAGAZZI in RETE

A1

Corso multimediale d'italiano per stranieri

Guerra Edizioni

Autori
Marco Mezzadri e *Paolo E. Balboni*

Progetto grafico
Keen s.r.l. - Letizia Pignani

Impaginazione
Keen s.r.l.

Disegni
Giuseppe Iannolo

Fotografie
Massimo Marini

In collaborazione con *Èulogos*

ISBN 978-88-557-0409-0

I edizione

www.guerraedizioni.com/nuovorete

Guerra Edizioni
via Aldo Manna, 25 - 06132 Perugia (Italia) / tel. +39 075 5270257-8 / fax +39 075 5288244
e-mail: info@guerraedizioni.com / www.guerraedizioni.com

RAGAZZI in RETE

Corso multimediale d'italiano per stranieri

INTRODUZIONE

Perché una nuova versione di *Rete! Junior*

Sono passati ormai alcuni anni dal lancio del manuale. Gli anni trascorsi sono stati ricchi di ricerche ed esperienze che hanno portato a sentire la necessità di modificare profondamente il testo. In particolare la struttura di *Ragazzi in rete* è nuova, frutto delle riflessioni degli autori e del contributo di centinaia e centinaia di insegnanti e studenti, coordinatori di corsi e direttori didattici che hanno voluto contribuire all'aggiornamento e al miglioramento del manuale.

L'opera si è ampliata al livello B1.

***Ragazzi in Rete* si presenta così:**

- è suddiviso in 3 volumi secondo i livelli del *Quadro comune europeo*: A1, A2, B1;
- ogni volume dispone di
  - libro dello studente,
  - una guida per l'insegnante,
  - cd audio,
  - materiali sul sito web;
- ogni volume contiene 8 Percorsi composti da 3 Unità di apprendimento chiamate "Lezioni", una sezione di civiltà, un progetto, un test di autovalutazione e una sezione di revisione e ampliamento;
- ogni volume contiene inoltre in appendice
  - una sintesi grammaticale,
  - una sezione "giochi di ruolo",
  - una sezione di fonologia,
  - il glossario dei termini usati;
- il sito web di ogni volume offre gratuitamente
  - gli audio in formato MP3 scaricabili;
  - attività e progetti da svolgere in rete;
  - attività grammaticali supplementari;
  - informazioni e collegamenti per l'apprendimento e l'insegnamento dell'italiano.

La metodologia

Ragazzi in rete propone una metodologia che riprende i presupposti della vecchia, come nel caso della gradualità dei sillabi sviluppati, o che presenta modifiche sostanziali, ad esempio per quanto riguarda la struttura delle unità e un maggior controllo del lessico e delle strutture proposte.

Unità didattiche/Percorsi (UD) e unità di apprendimento (UA)
Unità didattiche (UD)/Percorsi e unità di apprendimento (UA) si fondono.
Alla base di entrambe sta il ciclo virtuoso motivazione-globalità-analisi-sintesi-valutazione-revisione/ampliamento che permette in ogni contatto del docente con gli studenti di attivare in modo corretto i processi di apprendimento.
In ogni UA si trovano le fasi della motivazione, globalità, analisi, sintesi.
Tre UA, con tematiche affini, compongono un'UD/percorso che chiude il cerchio, proponendo una sezione di civiltà, che rinforza la sintesi anche grazie alla sezione "progetto", un test di autovalutazione e una sezione di revisione e ampliamento.
Il risultato finale sul piano operativo è quello di una maggior facilità ed efficacia di utilizzo sia per il docente che per lo studente. Il percorso di apprendimento è strutturalmente più lineare con più punti di riferimento rispetto alla vecchia edizione, pur mantenendo i numerosi presupposti metodologici fondanti tra i quali ricordiamo:

Impianto multisillabico
Come nella versione precedente, il percorso di apprendimento/insegnamento è basato sullo sviluppo di molteplici competenze linguistico-comunciative e di saperi generali (cfr. il paragrafo Il *Ragazzi in rete e il Quadro comune europeo*) che si realizzano nei sillabi del lessico, della morfo-sintassi, della fonologia, delle nozioni e delle funzioni comunicative, delle situazioni, delle quattro macroabilità, della cultura/civiltà, delle abilità di studio e delle strategie di apprendimento.
Tutti i sillabi si sviluppano gradualmente, in modo integrato, dal livello A1 al livello B1.

Approccio induttivo
L'unità di apprendimento consente di sfruttare al meglio l'approccio induttivo, applicato sia alla grammatica, che viene scoperta dallo studente sotto la guida dell'insegnante, sia ad altri ambiti quali il lessico, la cultura, ecc.
Fondamentale risulta un approccio che porta all'attivazione costante delle pre-conoscenze dello studente, come strumento per coinvolgerlo sia sul piano psico-affettivo sia su quello cognitivo. Ciò permette di creare le condizioni affinché l'apprendimento avvenga in maniera attiva e motivante: ad esempio, lo studente è chiamato costantemente a formulare ipotesi per immaginare i contenuti dei testi presentati prima della lettura o dell'ascolto. In questo modo il fondamentale processo di comprensione avviene avendo predisposto lo studente a questo compito in maniera adeguata.
La dimensione collaborativa, diffusa in tutto il testo e sintetizzata nella sezione "progetto", contribuisce a stimolare la scoperta induttiva e una rielaborazione più spontanea dell'input. Gli studenti sono accompagnati ad apprendere e ad applicare tecniche e strategie collaborative, dopo averne condiviso il valore e l'efficacia.

Ragazzi in Rete e il Quadro comune europeo
Il *Quadro comune europeo di riferimento per le lingue* elaborato dal Consiglio d'Europa propone tre capisaldi:

a. che sapere una lingua significa soprattutto "saper fare" in quella lingua: quindi un approccio molto funzionale, pragmatico, utilitaristico

b. che "saper fare" con una lingua significa lavorare su un sillabo complesso, in cui tutte le componenti (e non solo le funzioni e la morfosintassi sono integrate in un "multisillabo"
c. che questa competenza va graduata in una serie di livelli successivi, individuati sulla base del "saper fare"

Ragazzi in rete è organizzato secondo questi due principi, ma li integra secondo le necessità specifiche dell'italiano e in base ad un approccio alla lingua anche culturale e non solo utilitaristico:

- ogni unità didattica include una serie di "saper fare"
- ogni unità didattica e ogni unità di apprendimento recuperano una parte del multisillabo: basta vedere l'indice iniziale per cogliere la complessità e la progres sione dell'operazione; per quanto riguarda il sillabo fonetico e fonologico, oltre alla sezione apposita in appendice, c'è un'enorme quantità di materiale audio registrato anche nelle diverse varietà regionali italiane (non nei dialetti, naturalmente)
- i vari contenuti vengono presentati a spirale, tornandoci sopra più volte, in modo che ad ogni nuovo livello di competenza quanto si è fatto in precedenza venga ripreso e non perduto.

A queste indicazioni prese dal *Quadro*, *Ragazzi in rete* associa una forte dimensione culturale, sia nella direzione della cultura quotidiana (che viene presentata sia nel volume che attraverso appositi collegamenti, unità per unità, grazie al sito web creato per il testo www.guerra-edzioni.com/ragazziin-rete), sia alla cultura in senso alto, partendo dal presente e poi con un recupero anche del passato per dare una dimensione quanto più completa possibile della nostra lingua.

Chi lancia la rete

Questo manuale, che si è evoluto negli anni e continuerà a evolversi in una costellazione di materiali didattici tra cui l'insegnante può scegliere, è originale per un ultimo motivo: esso è nato da un gruppo che negli anni è cresciuto e si è modificato. Marco Mezzadri (Università di Parma) e Paolo E. Balboni (Università Ca' Foscari di Venezia) hanno creato *Ragazzi in rete* impostando in tandem l'impianto metodologico.
Il primo ha, inoltre, curato la realizzazione delle sezioni di globalità, analisi e sintesi delle unità di apprendimento e della sezione di revisione e ampliamento delle unità didattiche, il secondo si è occupato delle sezioni di civiltà e dei test. La base è, tuttavia, rimasta quella cui avevano contribuito a dar vita per la sezione di fonologia Marco Cassandro (Università per stranieri di Siena), per le sezioni di autovalutazione Mario Cardona (Università di Bari), per la sezione di civiltà Giovanna Polizza e per la sezione dei progetti Paola Bigotti e Graziano Serragiotto.
A questo nucleo di autori si aggiungono le decine di collaboratori che a vario titolo hanno lavorato al testo: autori delle versioni nelle diverse lingue, redattori, grafici, informatici, tecnici audio e video, attori, ecc. i quali, ognuno per la propria parte, hanno permesso di far nascere questa nuova scommessa.
A tutti va il nostro grazie più sincero, ma un ringraziamento speciale va indirizzato alle centinaia di insegnanti, studenti, operatori del settore dell'insegnamento dell'italiano in Italia e all'estero che con i loro commenti hanno consentito di migliorare la vecchia versione di *Rete! Junior*.

Marco Mezzadri e *Paolo E. Balboni*

PERCORSO 1 » IN VIAGGIO »»

- **Funzioni:** Affermare. Negare. Salutare. Presentarsi. Chiedere e dire la nazionalità e la provenienza. Chiedere e dire il nome. Chiedere e dire come si scrive una parola. Ringraziare. *Scusa/scusi*. Chiedere di ripetere. *E tu? E Lei?*

- **Grammatica:** Pronomi personali soggetto: *io, tu, lei/lui*. *Lei* forma di cortesia. Presente indicativo singolare dei verbi: *studiare* e *chiamarsi*. Singolare e plurale di *essere*. Singolare maschile e femminile degli aggettivi in *-o*, *-a*. Aggettivi in *-e*. Forma affermativa, negativa e interrogativa.

- **Lessico:** Nomi, nazionalità. Alfabeto. Saluti. *Di dove? Come?*

- **Civiltà:** Le città. Alcuni monumenti famosi.

- **Fonologia:** I suoni delle vocali. L'accento nelle parole (vocale tonica). (In appendice)

PERCORSO 2 » ALLA STAZIONE »»

- **Funzioni:** Chiedere e dire come si dice. Chiedere e dare il numero di telefono. Chiedere e dare l'indirizzo. Chiedere l'età e rispondere. Esclamare. Esprimere meraviglia. Chiedere e dare spiegazioni. Chiedere dove si trova una località. Chiedere quando si svolgerà una determinata azione. Dire cosa c'è in un luogo. Dire che non si conosce la risposta. Rispondere quando si è interpellati.

- **Grammatica:** Articolo indeterminativo. Presente indicativo dei verbi: *avere, scrivere*. *C'è, ci sono*. *Perché, cosa, quando, quanti, qual* è?. Plurale degli aggettivi in *-o, -a*. Singolare e plurale dei nomi maschili e femminili in *-o* e *-a*; numeri da 0 a 20. Ordine della frase. Preposizioni semplici: *in* e *a* di luogo. Revisione: frase negativa con *non*. *Non lo so*. Introduzione ai possessivi: *il tuo*.

- **Lessico:** Numeri da 0 a 20.

- **Civiltà:** L'Italia fisica. Le regioni e i capoluoghi. Le città più abitate.

- **Fonologia:** Suoni /p/ /b/. Contrasto tra intonazione interrogativa (ascendente) e intonazione affermativa/negativa (discendente). (In appendice)

PERCORSO 3 STUDIARE E LAVORARE

- **Funzioni:** Presentarsi in modo formale. Presentare un'altra persona in modo formale. Chiedere e dire lo stato civile. Chiedere e dire il significato. Revisione: chiedere e dire l'età, la nazionalità, il numero di telefono, l'indirizzo, l'identità, chiedere e dire quante lingue si conoscono. Chiedere e dire cosa si sa fare. Chiedere e dire che lavoro si fa. Riempire formulari. Chiedere il significato di una parola. Esprimere un'opinione con *secondo me*.

- **Grammatica:** Presente indicativo dei verbi delle tre coniugazioni. Verbo *sapere*, verbo *fare*. Ripasso preposizioni: *in* e *a*; *per* di durata. *Chi?* Ripasso degli interrogativi: *che?, che cosa?, cosa?, dove?, che tipo di?, cosa vuol dire?* Introduzione: articoli determinativi singolari.

- **Abilità:** Strategie d'apprendimento: il dizionario.

- **Lessico:** Mestieri, domande personali.

- **Civiltà:** Il lavoro. I principali settori lavorativi.

- **Fonologia:** Suoni e ortografia di /tʃ/ /dʒ/ /k/ /g/. (In appendice)

PERCORSO 4 LA FAMIGLIA

- **Funzioni:** Esprimere legami familiari. Parlare di abilità. Parlare di conoscenze. Chiedere di ripetere. Invitare e suggerire. Accettare l'invito. Presentare altre persone. Parlare del possesso. Chiedere il possessore. Chiedere qualcosa gentilmente. Chiedere della salute di qualcuno e rispondere. Chiedere come procede qualcosa e rispondere positivamente. Localizzare nello spazio. Esprimere accordo. Chiedere il permesso e acconsentire. Rispondere al telefono. Presentarsi quando si telefona a qualcuno.

- **Grammatica:** *Voi* di cortesia. Revisione plurali dei nomi e aggettivi.
  Nomi in *-tà*, articoli determinativi plurali.
  Questo/a/i/e. Verbo *andare. Andare + a/in*; verbo *potere* (permesso: *posso andare in bagno?*) (*può/puoi ripetere?*). Ripresa di *sapere* per abilità. Possessivi singolari con nomi di famiglia. *Molto* con aggettivi. Preposizione *di*. *Perché non*... Presente indicativo di *volere*.

- **Abilità:** Strategie d'apprendimento: prevedere.

- **Lessico:** La famiglia: *padre, madre, uomo, donna, genitori, fratello, sorella, figlio, figlia*.
  Aggettivi per la descrizione fisica: *giovane, vecchio, alto, basso, magro, grasso, carino*.
  Numeri da 21 a 99. Lessico della classe: alcuni sostantivi.

- **Civiltà:** La famiglia. I tipi di famiglia. I matrimoni. Genitori e figli.

- **Fonologia:** Suoni /n/ /m/. (In appendice)

PERCORSO 5 » LA CASA »»

- **Funzioni:** Descrivere la casa. Localizzare gli oggetti nello spazio. Dire il mese e il giorno del mese. Parlare della provenienza con *di* e *da*.
- **Grammatica:** Preposizioni articolate. Ripasso *c'è, ci sono*. Ripasso articoli determinativi e indeterminativi se in contrasto. Nomi femminili in *-o* e *tronchi*. Verbi irregolari: *venire da* e *dire*, verbi in *-cere* e *-gere*. *Da* e *in* con i mesi. *Di* per la provenienza. *Abbastanza* + agg.
- **Abilità:** Strategie d'apprendimento: prevedere 2.
- **Lessico:** Le stanze e i mobili. *Vicino, davanti, di fianco a, di fronte a, dietro, su, sotto, tra/fra*. I mesi e il giorno del mese. Le date. *A destra* e *a sinistra*. Alcuni colori.
- **Civiltà:** La casa. Le tipologie abitative. Il problema della casa. L'interno della casa.
- **Fonologia:** Suoni /t/ /d/. Intonazione negativa e affermativa (II). (In appendice)

PERCORSO 6 » LA VITA QUOTIDIANA »»

- **Funzioni:** Parlare delle proprie abitudini. Esprimere la frequenza. Chiedere con che frequenza si fanno determinate azioni. Dire con che frequenza si fanno determinate azioni. Chiedere l'ora. Dire l'ora. Chiedere la data. Dire la data. Chiedere che giorno è oggi. Dire che giorno è oggi. Chiedere a che ora si compie una determinata azione.
Dire a che ora si compie una determinata azione.
- **Grammatica:** Verbi irregolari: revisione di *andare* e *fare*. *Uscire*. Verbi di routine. Persone plurali dei riflessivi. Avverbi di frequenza. L'ora. Possessivi plurali. Aggettivi e pronomi. Aggettivi dimostrativi. *Questo* e *quello*. *Andare in/a*. Preposizioni con le date.
- **Abilità:** Strategie d'apprendimento: comprensione globale.
- **Lessico:** Avverbi di frequenza: *sempre, quasi sempre, di solito, spesso, a volte, raramente, quasi mai, mai.* Verbi di routine: *svegliarsi, alzarsi, lavarsi, fare colazione, uscire di casa, cominciare a lavorare, pranzare, finire di lavorare, fare la doccia, cenare, guardare la tv, andare a letto. Lunedì, martedì*, ecc. *Quanti ne abbiamo oggi?* Date.
- **Civiltà:** I locali pubblici. Orari di apertura di bar, musei, banche, uffici postali, ristoranti. I nomi delle vie.
- **Fonologia:** Suoni /r/ /l/. Messa in risalto di un elemento nella frase. (In appendice)

PERCORSO 7 › IL CIBO, AL RISTORANTE ›››

› **Funzioni:** Parlare del cibo in diversi paesi. Fare la lista della spesa. Ripasso: chiedere ed esprimere l'appartenenza. Esprimere quantità. Raccontare una storia. Chiedere ciò che si vuole mangiare o bere. Chiedere qualcosa da bere, da mangiare o il menù. Chiedere il conto. Chiedere conferma. Chiedere delle necessità. Parlare delle necessità. Offrire.

› **Grammatica:** *Vorrei*. Ripasso e ampliamento dei possessivi, dimostrativi e *di chi?*. Il partitivo *del/dei/*ecc. *Aver bisogno di*. Numeri ordinali. Altri plurali: *macellaio, zio, amico, virtù, crisi*.

› **Abilità:** Strategie d'apprendimento: comprensione selettiva.

› **Lessico:** *Primo (piatto), secondo (piatto), antipasto, contorno, frutta, dolce, il conto.* Alcuni cibi italiani, termini indicanti cibi frequenti per la lista della spesa.

› **Civiltà:** I pasti. Gli orari, le abitudini. I vari tipi di ristorante.

› **Fonologia:** Suoni e ortografia di /ɲ/ /ʎ/ /ʃ/. Accento nelle parole (II). (In appendice)

PERCORSO 8 › IL TEMPO LIBERO ›››

› **Funzioni:** Parlare di eventi passati. Chiedere informazioni sul passato. Parlare del tempo libero. Collegare frasi. Chiedere e dare informazioni sul mezzo di trasporto. Indicare i mesi, le stagioni. Dire quando si è svolta un'azione nel passato.

› **Grammatica:** Participio passato di verbi regolari e irregolari. Passato prossimo con *essere* e *avere*. *Nel* + anno, *in* + stagioni. *In* + mezzi di trasporto.

› **Abilità:** Strategie d'apprendimento: collegare le frasi. Scrivere una storia.

› **Lessico:** Espressioni di tempo passato. Gli anni e le stagioni. Attività del tempo libero. Lessico per descrivere sensazioni legate al tempo libero. *Poi, prima*.

› **Grammatica:** Il tempo libero. Passato e presente.

› **Fonologia:** Suoni intensi /mm/ /nn/ /rr/ /ll/. (In appendice)

PERCORSO 1 › IN VIAGGIO

LEZIONE 1 GLOBALITÀ ›››

1. CD 1 - tr. 1 **Ascolta il dialogo e trova la risposta corretta.**

		a	b	c
1	Nome della ragazza:	Francisca	Marta	Anne
2	Nome del ragazzo:	Claudio	Emilio	Roberto
3	Sono in:	nave	aereo	treno

2. CD 1 - tr. 2 **Ascolta nuovamente il dialogo e leggi il testo.**

Lui: Ciao! Come ti chiami?
Lei: Anne. E tu?
Lui: Mi chiamo Claudio.
Lei: Come, scusa?
Lui: Claudio, mi chiamo Claudio.
Lei: Piacere.
Lui: Sei italiana?
Lei: No, sono svizzera. E tu, di dove sei?
Lui: Io sono italiano.

3. **Adesso chiedi il nome a due tuoi compagni.**

Esempio: A: Come ti chiami?
B: Mi chiamo Frank.

4. **Ripeti in classe i nomi dei tuoi compagni.**

Esempio: Lui si chiama Clive./Lei si chiama Fabienne.

5. Lavora con due compagni.

A turno **A** presenta **B** a **C**.

Esempio:
A: Lui si chiama David.
B: Piacere, io mi chiamo Pedro.
C: Come, scusa?
B: Pedro.
C: Ciao, Pedro.

6. CD 1 - tr. 3 Ascolta e ripeti le parole.

7. CD 1 - tr. 4 Ascolta e metti le terminazioni o, *a* oppure e.

Alla scoperta della lingua

LUI	LUI	LEI	LEI
1 ingles..e..	7 giappones.....	1 ingles..e...	7 giappones.....
2 brasilian.....	8 portoghes.....	2 brasilian.....	8 portoghes.....
3 frances.....	9 tedesc.....	3 frances.....	9 tedesc.....
4 turc.....	10 russ.....	4 turc.....	10 russ.....
5 spagnol.....	11 italian.....	5 spagnol.....	11 italian.....
6 cines.....	12 marocchin.....	6 cines.....	12 marocchin.....

8. Lavora con un compagno. A turno uno chiede il nome e la nazionalità di una persona e l'altro risponde.

Esempio:
A: Come ti chiami? **B:** Mi chiamo Vladimir.
A: Di dove sei? **B:** Sono russo.

1 Vladimir/russo 2 Pierre/francese 3 Eva/tedesca
4 Iara/brasiliana 5 Patricia/inglese 6 Caetano/portoghese
7 Yoko/giapponese 8 Hassan/marocchino 9 Michele/italiano

LEZIONE 1 ANALISI

pronomi personali soggetto
Io sono italiano.
Tu studi francese?
Lui/lei si chiama Andrea?

1. Metti il soggetto.

1 ...Io... mi chiamo Claudia e ....?
2 .... sono italiana e ....?
3 .... sono argentino.
4 .... si chiama Pietro e .... Francesca.

essere - indicativo presente singolare
(Io) **sono** a Roma.
(Tu) **sei** russo?
(Lui/lei) **è** di Milano?

2. Completa le frasi con il verbo *essere*.

1 Hans ....è.................... tedesco.
2 Di dov' .... Matteo?
3 Io .... italiana. E tu?
4 Scusa, ti chiami Ernesto, ma .... argentino o italiano?

verbi in -are: *studiare* - indicativo pres. sing.
(Io) studi**o** a Roma.
(Tu) studi**i** matematica?
(Lui/lei) studi**a** francese?

chiamarsi - indicativo presente singolare
(Io) **mi** chiam**o** Franco.
(Tu) **ti** chiam**i** Steve?
(Lui/lei) **si** chiam**a** Andrea?

3. Completa le frasi con il verbo *studiare* o *chiamarsi*.

1 Io ....mi chiamo.............. Sandra e tu?
2 Lui .... Kevin e lei .... Ann.
3 John non .... italiano.
4 Io .... inglese, ma tu non .... cinese?

4. Completa le frasi con un aggettivo del riquadro.

- italiano
- tedesca
- francese
- inglese
- brasiliana
- russo

1 Matteo è ....
2 Vladimir è ....
3 Nádia è ....
4 Eva è ....
5 La Renault è una macchina ....?
6 John è ....

5. Metti gli aggettivi di nazionalità.

1 ...francese... 2 .... 3 .... 4 .... 5 ....

6. Dividi gli aggettivi di nazionalità che conosci in due liste.

O/A	E
spagnolo	

LEZIONE 1 SINTESI

Nella tua lingua

Ci vediamo a scuola!

....

1. Metti in ordine il dialogo.

- **Ci vediamo a scuola**, allora. Ciao.
- Ciao Antonella, come va?
- Sono americano, di Evanston, vicino a Chicago.
- Scusa? Di dove sei, Kevin?
- Ciao, Luca.
- Ciao.
- Bene, grazie. Ti presento Kevin, un amico di Evanston.

- ....
- ....
- ....
- ....
- ....
- ....
- ....

2. Leggi la pagina del diario di Claudio e completala con le informazioni che hai.

3. E tu? Scrivi alcune frasi con informazioni personali.

Caro Diario,
sono sul treno per .... Di fianco a me c'è una ragazza ....
Si chiama .... , studia ....
....
È molto carina!
Vorrei avere il suo numero di telefono e indirizzo!

LEZIONE 2 GLOBALITÀ »»

1. Guarda la foto sotto a queste immagini. Secondo te, di cosa parlano le tre persone?

2. CD 1 - tr. 5 **Ascolta il dialogo. La tua idea è corretta?**

3. CD 1 - tr. 6 **Ascolta e completa il dialogo.**

Claudio: Siamo in frontiera, ecco la polizia!
Agente: Buongiorno; documenti, per favore?
Claudio: Ecco qua.
Agente: Grazie e arrivederci.

Agente: Buongiorno; tutto bene? Lei è italiano?
Andrea: Tutto bene, grazie. Sì, sono ....
Agente: E ....?
Cristina: No, non sono italiana.
Agente: Di ....?
Cristina: Sono brasiliana.
Agente: Come si ....?
Cristina: Cristina Serra.
Agente: Cristina. Scusi, come si scrive il ...., per favore?
Cristina: S.e.r.r.a.
Agente: Perfetto. Va in .... per turismo?
Cristina: No, studio italiano all'università.
Agente: Bene, ... italiano. Grazie e arrivederci.
Cristina: Prego. Buongiorno.

4. CD 1 - tr. 7 **Ascolta e ripeti le lettere dell'alfabeto.**

A B C D E F G H I L M

N O P Q R S T U V Z

5. CD 1 - tr. 8 **Ascolta nuovamente e leggi l'alfabeto.**

6. CD 1 - tr. 9 **Ascolta e leggi le altre lettere.**

J K W X Y

7. CD 1 - tr. 10 **Ascolta i dialoghi e scrivi i nomi e i cognomi.**

....
....
....
....
....
....
....
....
....
....
....
....
....

8. **A coppie, fate dei dialoghi simili. A turno, uno è la segretaria e l'altro lo studente.**

9. **Provate a dettare alcune parole. A turno A dice come si scrivono 5 parole e B le scrive.**

Alla scoperta della lingua

informale	formale
- Come ti chiami?	- Come ....?
- Di dove sei?	- Di ....?
- E tu?	- E ....?

LEZIONE 2 ANALISI »»

› formale e informale

- Normalmente in italiano non si esprime il soggetto:
  - Come ti chiami?
  - Mi chiamo Claudio.
- In italiano si usa ***tu*** in situazioni informali:
  - Ciao, io mi chiamo Claudio e **tu**?
- In situazioni formali si usa **lei**:
  - Buongiorno, Signora: **lei** è francese?

«« Alla scoperta della lingua

In questi casi ***lei*** si può scrivere ***Lei***.

1. Completa le frasi con il soggetto (*io, tu, lui, lei, Lei*).

1 ....Io............. mi chiamo Tom. E Lei?
2 Scusi, ... è francese?
3 .... è brasiliano, ma .... è italiana.
4 Scusa, ... ti chiami Giacomo?

forma affermativa
(Io) sono marocchino.
Lui si chiama Hans.

forma negativa
(Io) **non** mi chiamo Giorgio.
(Tu) **non** studi cinese.

forma interrogativa
Come ti chiami?
Di dov'è?

2. Riordina le frasi.

1 Inglese/italiana/è/è/non/Patricia.
Patricia non è italiana, è inglese.
....

2 Dove/scusi/è/di/lei?
....
....

3 Studi/italiano/non/tu?
....
....

4 Argentina/è/Claudia/chiama/e/lei/si.
....
....

5 Si/scusi/chiama/lei/Hassan?
....
....

LEZIONE 2 SINTESI

1. CD 1 - tr. 11 **Ascolta e abbina i dialoghi alle figure.**

1 ....

2 ....

3 ....

2. CD 1 - tr. 12 **Ascolta nuovamente i dialoghi e completa la tabella.**

1 nome: *Giacomo* cognome:

2
nome della ragazza:
nome del ragazzo 1:
nome del ragazzo 2:
nazionalità del ragazzo 2:

3
nome:
cognome:
nazionalità:
città di residenza:

3. **Quale dialogo è formale e quale informale?**

1: F I   2: F I   3: F I

4. **Completa il dialogo con le parole del riquadro.**

- Buongiorno.
- ...., Dottor Ferro.
- Dottore, questo è il Signor ....
- ...., mi chiamo Ruggero Ferro.
- ....?
- Ruggero Ferro.
- .... non è italiano, è francese?
- No, sono ....?
- Benvenuto in ....!
- ....
- Arrivederci.
- ....

Grazie Messi Piacere Lei cileno Buongiorno Scusi Italia Arrivederci

LEZIONE 3 GLOBALITÀ »»

1. Osserva la foto.
Secondo te, qual è il tema della Lezione 3 del corso di italiano?

a L'Italia.
b Il verbo *essere*.
c Parole italiane nelle altre lingue.

2. CD 1 - tr. 13 Ascolta il dialogo e rispondi alle domande.

1 Come si chiama la professoressa? ....
2 Come si chiama il ragazzo nuovo? ....
3 Di dov'è? ....
4 Qual è il tema della Lezione 3? ....

3. Quali di queste parole sono italiane?

1	a gulasch	b crêpe	c mozzarella	d kebab
2	a tango	b rock	c opera	d salsa
3	a bye	b ciao	c salut	d tschüs

4. Fa' una lista delle parole italiane che si usano nella tua lingua.

LEZIONE 3 ANALISI »»

essere - indicativo presente plurale
(Noi) **siamo** studenti.
(Voi) **siete** italiani.
(Loro) **sono** a Roma?

« Alla scoperta della lingua

io, tu, lei, noi, voi, loro
Ricorda: in italiano molto spesso non si esprimono quando sono soggetti.

1. Completa le frasi con il verbo *essere*.

1 Daniela .... di Perugia.
2 Tu .... francese.
3 Io .... di Firenze.
4 Tu .... di Tokyo.
5 Io .... studente.
6 Carlo .... a Parigi.

2. Metti le frasi dell'esercizio 1 al plurale.

1 Daniela e Antonio ....
2 Tu e Pierre .... francesi.
3 Marco ed io ....
4 ....
5 .... studenti.
6 Carlo e Claudia ....

3. Con un compagno leggi le seguenti parole. Le conoscete tutte?

rispondere domanda tabella
completare frase formare praticare
dialogo ascoltare scrivere leggere
compagno

4. Secondo voi, quali parole dell'esercizio 3 ci sono nelle figure e nei riquadri dell'esercizio 5?

5. CD 1 - tr. 14 Ascolta e abbina le frasi alle figure e ai riquadri.

A ....

B .... *essere*

(Io) ....sono..........
(Tu) ....
(Lui, lei) ....

C ....

D ....

Lucia di Firenze è tu e?
....
Chiami come ti?
....

E ....

- Di dove sei?
- ....
- Come si chiama lui?
- ....

F ....

- ....?
- Di Roma.
- ....?
- Detlev è tedesco.

6. Ora, scrivi le frasi dell'attività 5.

1 Rispondi alle domande
2 ....
3 ....
4 ....
5 ....
6 ....

7. A coppie, controllate le frasi.

LEZIONE 3 SINTESI

**1. Ci sono espressioni che usiamo molto a scuola.
A coppie, mimate il significato delle espressioni che sapete.**

Pronti! · Alzatevi! · Sedetevi! · Aprite i libri! · Chiudete i libri! · Scusi, può ripetere per favore?

Grazie. · Per favore. · Ascoltate! · Guardate! · Leggete! · Scrivete!

2. Ora, chiedete all'insegnante il significato delle espressioni che non conoscete.

LEZIONE 3 CIVILTÀ

QUIZ. Conosci l'Italia?

1 Colosseo

2 Piazza San Marco

3 Torre Pendente

4 Piazza del Campo

5 Campanile di Giotto

6 Duomo

1. Abbina le foto alle città.

1 ....
2 ....
3 ....
4 ....
5 ....
6 ....

PROGETTO

Ascolta il tuo insegnante e...

1. trova...
2. parla...
3. incolla...
4. gioca...
5. completa...

NOTE:

....
....
....
....
....
....
....
....

TEST

1 Metti in ordine il dialogo tra la segretaria e uno studente. ..... / 4

Segretaria:
1 Scusi, come si scrive il cognome?
2 Perfetto. Di dov'è?
3 Buongiorno. Come si chiama?
4 Bene. Ecco il test.

Studente:
1 Australiano.
2 Buongiorno.
3 B.L.I.F.I.L.
4 Grazie.
5 Max Blifil.

Studente: Buongiorno
Segretaria: ....
Studente: ....
Segretaria: ....
Studente: ....
Segretaria: ....
Studente: ....
Segretaria: ....
Studente: ....

2 Trova le espressioni di saluto. Ce ne sono sei. ..... / 6

A	U	S	K	B	C	L	O	M	A	B	T	R	H
B	A	U	A	R	R	I	V	E	D	E	R	C	I
A	N	A	R	I	C	A	S	T	I	V	A	R	A
I	A	O	B	U	O	N	A	N	O	T	T	E	L
S	R	E	U	S	T	E	G	D	L	I	B	D	L
C	I	A	O	O	T	I	L	E	R	I	N	N	A
F	A	R	N	A	T	E	R	V	J	U	D	I	F
U	T	E	A	A	L	P	I	A	C	E	R	E	D
C	U	N	S	I	L	O	M	E	D	R	O	A	B
E	U	N	E	S	S	E	T	I	L	E	M	I	U
U	O	O	R	T	E	Z	Z	L	D	G	B	V	O
P	U	C	A	T	E	R	A	L	I	A	N	O	T
N	R	O	S	I	T	I	L	O	R	E	N	O	T
C	O	N	E	B	U	O	N	G	I	O	R	N	O

3 Osserva la risposta e scrivi la domanda corretta in modo formale e informale. ..... / 6

DOMANDA		RISPOSTA
formale	informale	
Buongiorno, come sta?	Ciao, come stai?	Bene, grazie.
.... ?	.... ?	Marcela Garcia.
.... ?	.... ?	Sono spagnola.
.... ?	.... ?	Studio a Perugia.

4 Completa il cruciverba con gli aggettivi di nazionalità. ..... / 10

* Mei Li vive a Pechino. Lei è...
1 Simon vive a Londra. Lui è...
2 Francesco vive a Roma. La sua nazionalità è...
3 Ursula vive a Berlino. Lei è...
4 Johnny studia a New York. Lui è...
5 Hélène abita a Parigi. Lei è...
6 Irina è in vacanza in Italia, ma vive a Mosca. Lei è...
7 Karim abita a Casablanca. Lui è...
8 Miriam vive a Istanbul. Lei è...
9 Roberto è di Rio. Lui è...
10 Felipe vive a Bercellona. Lui è...

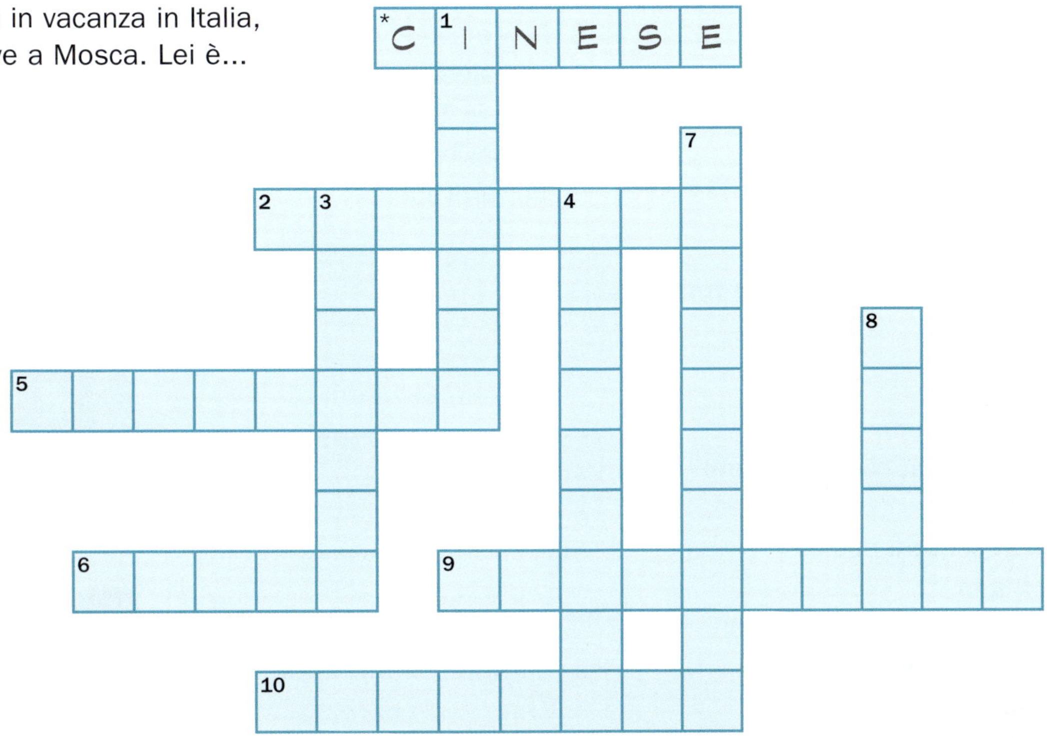

5 Scrivi una frase su queste persone. ..... / 4

1
....

2
....

3
....

4
....

Totale: ..... / 30

REVISIONE & AMPLIAMENTO »

FUNZIONI »

1. Completa il dialogo.

1 - .... ? - Salwa Salih.
2 - .... ? - S.a.l.w.a..
3 - .... ? - Sono palestinese.
4 - .... ? - Sì, vivo in Toscana.
5 - .... ? - Sì, all'Università di Firenze.
6 - .... ? - Prego, arrivederci.

2. Riscrivi il dialogo in registro formale.

A - Ciao. - ....
B - Ciao, Giovanni. - ....
A - Questo è Graham Ford. - ....
B - Piacere. Scusa, come ti chiami? - ....
C - Graham Ford. - ....
B - Come si scrive il nome? - ....
C - G.r.a.h.a.m. - ....
B - Graham, è un po' complicato! - ....
C - E tu come ti chiami? - ....
B - Paolo Sarti. Sei inglese? - ....
C - No, irlandese. - ....
B - Studi in Italia o sei qui per turismo? - ....
C - Sono qui per lavoro. - ....
B - Bene, forse ci vediamo in città. Ciao! - ....

3. Abbina le immagini al dialogo. Attenzione: ci sono due fotografie in più.

1

2

3

4

5

6

7

8

9

- [ ] **a** - Ciao, io mi chiamo John, sei cinese?
  - Piacere sono Diana, io sono americana, mia madre è cinese.
- [ ] **b** - Anna, questa è Isabelle, la mia amica di Parigi.
  - Ciao, piacere di conoscerti.
- [ ] **c** - Ciao Marco, allora a domani...
  - Sì, certo. Ci vediamo domani a scuola.
- [ ] **d** - Allora arrivederla Signor Gaspari, e grazie di tutto!
  - Si figuri, è stato un piacere, a presto.
- [ ] **e** - Prego, il suo passaporto è in regola. È in Italia per lavoro?
  - No, per studio.
- [ ] **f** - Un documento prego. Resta per molti giorni?
  - No, solo due giorni. Sono qui per lavoro. Ecco il mio passaporto.
- [ ] **g** - Scusi, non ho capito. Può ripetermi il suo nome?
  - Roche, Isabelle ROCHE, vorrei prenotare una camera per due giorni.

4. Dividi le parole del riquadro in tre gruppi.

brasiliano ciao chiamarsi tedesco essere italiano buongiorno francese studiare arrivederci

....brasiliano....	....	....
....	....	....
....	....	....
....	....	....

5. Riordina le lettere per formare delle parole.

1 EMON ....
2 ENEB ....
3 ESENIGL ....
4 RIUTMOS ....
5 EMOC ....
6 DEMONAD ....
7 REIAPEC ....

RIFLESSIONE GRAMMATICALE»

6. Rispondi alle domande.

1 - Scusa, tu sei russa? - No, sono spagnola.
2 - Sam è francese? - No, ... american...
3 - Fu è giapponese? - No, ... cines...
4 - Sei italiano? - No, ... portoghes...
5 - Karim è francese? - No, ... marocchin...
6 - Di dove sei, Mary? - .... american...

- Studio **italiano** a Perugia.

oppure

- Studio **l'italiano** a Perugia.

7. Fa' delle domande formali, usa la forma *lei*.

1 - Scusi, ...lei è francese....? - No, sono tedesco.
2 - ....? - Hans, mi chiamo Hans.
3 - ....? - Sì, italiano, francese e studio anche inglese.
4 - ....? - Sono di Berlino.

8. Trasforma le domande formali in informali, usa la forma *tu*.

1 - Scusa, ...tu sei francese...? - No, sono tedesco.
2 - ....? - Hans, mi chiamo Hans.
3 - ....? - Sì, italiano, francese e studio anche inglese.
4 - ....? - Sono di Berlino.

9. Completa le parole con il maschile.

1 spa........................ **5** mar........................
2 ted........................ **6** argen........................
3 ingl........................ **7** bras........................
4 fran........................ **8** port........................

10. Cruciverba al femminile.
Usa gli aggettivi dell'esercizio 9.

11. E per finire... gioca! Metti questi aggettivi di nazionalità con l'aiuto delle foto.

americano cinese giapponese irlandese palestinese spagnolo brasiliano francese inglese italiano portoghese tedesco

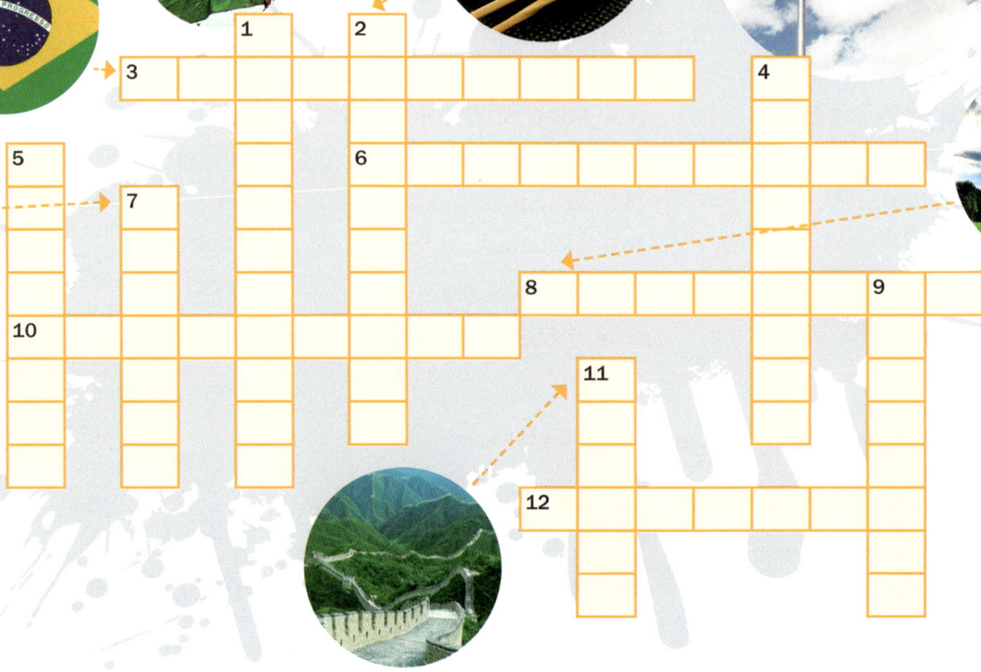

SCRIVERE»

12. Scrivi tre frasi su di te.

....

....

....

CIVILTÀ»

13. Le regioni d'Italia sono:

....

....

....

....

....

....

....

....

....

....

....

....

....

....

....

....

....

....

....

....

....

La capitale d'Italia è ....

PERCORSO 2 » ALLA STAZIONE

LEZIONE 1 GLOBALITÀ »»

1. CD 1 - tr. 15 **Ascolta e rispondi alle domande.**

		vero	falso
1	Anne e Claudio sono a Milano.	☐	☐
2	Anne non è stanca.	☐	☐
3	Claudio chiede a Anne perché è in Italia.	☐	☐
4	Anne è in Italia in vacanza.	☐	☐

2. CD 1 - tr. 16 **È difficile? Ascolta nuovamente il dialogo e leggi il testo.**

Claudio: Finalmente in Italia! Finalmente a Perugia!
Anne: Come sono stanca!
Claudio: Anch'io. Ma ormai sono a casa.
Senti, Anne: perché sei in Italia?
Anne: Studio italiano qui, a Perugia.
Claudio: Quando torni in Svizzera?
Anne: Alla fine del corso.

« Alla scoperta della lingua

Capisci la regola?
- Lino vive **a** Venezia, **in** Italia.
Trovi delle espressioni simili nel dialogo?
Quali?

3. Abbina le foto alle parole.

...8... banca	.... ufficio postale	.... telefono
.... bar	.... ufficio informazioni	.... stazione ferroviaria
.... ristorante	.... bagno	.... uscita

1

2

3

4

5

6

7

8

9

4. Ci sono molti servizi alla stazione. Leggi il testo e completa la tabella.

Benvenuti alla stazione! Ecco i nostri servizi.

All'interno
Due uffici informazioni
Due Sale d'attesa
Ufficio postale
Telefoni
Banca Nazionale del Lavoro
Quattro negozi per souvenir e regali
Un'agenzia Rent-a-car
Uscite
Stazione della metropolitana
Toilette

All'esterno
Pizzeria «La Perla»
Ristorante «Rapido»
Bar «Da Gianni»
Bar «La terrazza»
Bar «Espresso»
Telefoni
Toilette

UN	UNA	DUE	TRE	QUATTRO
....	stazione della metropolitana	....	....	....
....	....	....	....	....
....	....	....	....	....
....	....	....	....	....
....	....	....	....	....
....	....	....	....	....
....	....	....	....	....

LEZIONE 1 ANALISI

Alla scoperta della lingua

1. Completa la tabella.

nomi in -o	
singolare	**plurale**
telefono	telefoni
....	....
....	....

nomi in -a	
singolare	**plurale**
....	....
....	....
....	....

nomi in -e	
singolare	**plurale**
....	....
....	....
....	....

2. Ordina in gruppi le parole.

banca pizza carta di credito francobollo aeroporto stazione ferroviaria vino cartolina bello gelato ristorante nuovo brutto vecchio biglietto del treno

mangiare e bere	città
....	....
....	....
....	....
....	....
aggettivi	**altro**
....	....
....	....
....	....
....	....

› nomi e aggettivi in -o, -a, -e

singolare		
maschile	-o	**un** aeroporto italian**o**
	-e	**un** ristorante frances**e**
femminile	-a	**una** macchin**a** american**a**
	-e	**una** stazion**e** ingles**e**

plurale		
maschile	-i	**due** aeroport**i** italian**i**
	-i	**tre** ristorant**i** frances**i**
femminile	-e	**quattro** macchin**e** american**e**
	-i	**cinque** stazion**i** ingles**i**

3. Indica il plurale dei nomi.

1 francobollo francobolli
2 biglietto del treno ....
3 gelato ....
4 vino ....
5 ristorante ....
6 aeroporto ....
7 banca ....
8 stazione ferroviaria ....
9 carta di credito ....
10 cartolina ....
11 pizza ....

4. Indica il singolare e il plurale degli aggettivi.

singolare		plurale	
nuovo	...nuova...	....	....
vecchio	....	....	....
bello	....	....	....
brutto	....	....	....

5. Completa le parole dove necessario.

1 Maria ha un..a... cas..a... nuov..a...
2 A scuola ci sono tre student....... russ....... e due tedesch.......
3 Karl ha un....... indirizz....... nuov.......
4 Molte ragazz....... italian....... sono bell.......
5 Il tuo libr....... non è brutt.......
6 All'aeroporto ci sono due banch....... e cinque agenzi........
7 Ana e Paula sono due ragazz....... portoghes.......
8 A Bologna c'è un....... piccol....... ristorant....... frances.......

› c'è - ci sono

- Osserva le frasi:
  - Ora **c'è** il controllo dei passaporti.
  - A Roma **ci sono** molti monumenti.
- ***C'è*** + nomi (e aggettivi) singolari.
  Ci sono + nomi (e aggettivi) plurali.
- Come si dice nella tua lingua?
  ....

› le preposizioni *in* e *a*

- Abito ***in*** Italia, ***in*** Emilia-Romagna, ***a*** Bologna.

6. Completa le frasi con un verbo. Scegli fra: *c'è*, *ci sono*, forme di *avere* e *essere*.

1 A Parigi .....ci sono...... molti monumenti.
2 Cristina .... un indirizzo nuovo.
3 Di dove ....?
Io .... di Istanbul,
lui .... di Tunisi.
4 Quanti anni ....?
.... 25 anni.
5 A Parma .... una stazione ferroviaria.
6 Noi .... francesi, e voi di dove ....?

7. Guarda le figure e fa' delle frasi.

1 Fabienne Fabienne vive a Parigi, in Francia.
2 Carlo ....
3 Maria ....
4 Pilar ....
5 David ....

LEZIONE 1 SINTESI

1. Che cosa sai sulla geografia degli altri paesi? Abbina le città ai paesi.

a Madrid	**1** Germania
b Parigi	**2** Inghilterra
c Londra	**3** Francia
d Istanbul	**4** Spagna
e Berlino	**5** Cina
f Tokyo	**6** Turchia
g Pechino	**7** Brasile
h Rio de Janeiro	**8** Giappone

2. A coppie, a turno fate delle frasi con le città e i paesi dell'esercizio 1.

Esempio: Madrid è in Spagna.

3. A coppie, a turno dite cosa c'è alla stazione ferroviaria.

Esempio: Ci sono tre ristoranti.

LEZIONE 2 GLOBALITÀ

1. Guarda la foto. Quali informazioni chiede il passeggero?

- **a** Dov'è un ristorante.
- **b** Come andare in un'altra città.
- **c** Dov'è il bagno.

2. CD **1** - tr. **17** **Ascolta il dialogo. Quali informazioni chiede il passeggero?**

3. CD 1 - tr. 18 **Ascolta nuovamente il dialogo e completa il testo.**

- *Impiegato*: Buongiorno.
- *Passeggero*: Buongiorno. ...., per andare a Bologna, quando c'è .... volo?
- *Impiegato*: C'è un volo Alitalia fra un'ora... Mmm, no, questo è pieno. .... un volo anche tra quattro ore e venti minuti...
- *Passeggero*: È un ....! C'è anche un volo... Come si dice... un volo di una compagnia...
- *Impiegato*: Una compagnia *low cost*?
- *Passeggero*: Sì!
- *Impiegato*: No, pieni anche questi...
- *Passeggero*: O anche un ....
- *Impiegato*: Sì, certamente. Prende un treno da Fiumicino per la Stazione Termini e poi per Bologna, ci .... diverse possibilità...
- *Passeggero*: Grazie, quanto tempo...

4. **Con un compagno, pratica il dialogo.**

5. CD 1 - tr. 19 **Sai contare in italiano? Ascolta e ripeti i numeri.**

6. CD 1 - tr. 20 **Ora, ascolta e leggi i numeri.**

0 zero	3 tre	6 sei	9 nove	12 dodici	15 quindici	18 diciotto
1 uno	4 quattro	7 sette	10 dieci	13 tredici	16 sedici	19 diciannove
2 due	5 cinque	8 otto	11 undici	14 quattordici	17 diciassette	20 venti

7. CD 1 - tr. 21 **Quali numeri senti?**

0	3	6	9	12	15	18
1	4	7	10	13	16	19
2	5	8	11	14	17	20

8. **Scrivi in lettere 5 numeri su un pezzo di carta e poi dettali a un compagno. A turno, fate la stessa cosa due volte. Controllate i numeri che avete scritto.**

LEZIONE 2 ANALISI ›››

› articolo indeterminativo

maschile	
davanti a una consonante	**un** telefono
davanti a S + consonante, Z, PS, GN, X	**uno** studio
davanti a una vocale	**un** ufficio

femminile	
davanti a una consonante	**una** casa
davanti a una vocale	**un**'amica

1. Metti l'articolo indeterminativo.

1 ....un.......... caffè
2 .... acqua minerale
3 .... francobollo
4 .... carta di credito
5 .... gelato
6 .... pizza
7 .... biglietto del treno
8 .... lettera
9 .... studente
10 .... psicologo

2. Metti al plurale le parole dell'esercizio 1.

1 tre francoboll......
2 cinque cart...... di credito
3 otto gelat......
4 quattro pizz......
5 dieci bigliett...... del treno
6 venti letter......
7 sei student......
8 due psicolog......

3. Abbina le figure agli aggettivi del riquadro.

vecchio bello pieno grande
piccolo brutto nuovo vuoto

1

2

3

4

5

6

7

8

1 pieno..
2 ....
3 ....
4 ....
5 ....
6 ....
7 ....
8 ....

4. Completa gli aggettivi.

1 una pizza italian........
2 una carta di credito nuov........
3 una casa bell........
4 un libro ingles........
5 un ragazzo russ........
6 una macchina tedesc........
7 un ristorante vecchi........
8 un francobollo brutt........
9 un volo pien.......

5. Metti al plurale le parole dell'esercizio 4.

1 tre pizz........ italian........
2 due cart........ di credito nuov........
3 sei cas....... bell........
4 dieci libr........ ingles........
5 quattro ragazz........ russ........
6 nove macchin........ tedesc........
7 dodici ristorant........ vecch........
8 tredici franceboll........ brutt........
9 due vol....... pien........

LEZIONE 2 SINTESI

1. CD 1 - tr. 22 Ascolta gli annunci all'aeroporto e completa la tabella.

Annuncio: è un messaggio che si sente all'aeroporto, alla stazione, in altri posti pubblici o alla radio e in televisione con informazioni per le persone, oppure ci sono annunci scritti sui giornali, ecc.

	volo	destinazione	uscita
1	....	....	....
2	....	....	....
3	....	....	....
4	....	....	....

2. Come si dice in italiano? A coppie, fate delle domande e date le risposte.

Esempio: - Come si dice "aeroporto" nella tua lingua?

Oppure:

- Come si dice  in italiano?

3. Come si scrive? A coppie, fate delle domande e date le risposte.

Esempio: - Come si scrive "pasta"?
- P.A.S.T.A.

LEZIONE 3 GLOBALITÀ

1. Per conoscere meglio una persona che cosa chiedi?

2. CD 1 - tr. 23 Ascolta il dialogo e scegli ogni volta tra a, b, c o d.

Anne: Ciao Claudio!
Claudio: Anne, non ho il tuo numero di telefono!
Anne: Giusto! Ma io non ho ancora
a un numero di telefono, b una casa, c una lettera, d una macchina.
Claudio: Senti Anne, io abito a Perugia...
Anne: Davvero abiti a Perugia? Qual è il tuo indirizzo?
Claudio: Abito in Via Danti a 8, b 6, c 15, d 18.
Anne: E il tuo numero di telefono?
Claudio: 0,7,5 - 5,2,2,6 a 4,8,6, b 5,3,1, c 8,9,7, d 3,0,5.
Anne: 0,7,5 - 5,2,2,6 a 4,8,6, b 5,3,1, c 8,9,7, d 3,0,5. Ti telefono, ciao!
Claudio: Anne?
Anne: Sì? Cosa?
Claudio: Quanti anni a hai, b abbiamo, c ho, d ha?
Anne: 14. E tu?
Claudio: a 12, b 13, c 15, d 16. Ciao.
Anne: Ciao.

3. Con un compagno, pratica il dialogo e controlla le risposte.

4. CD 1 - tr. 24 Ascolta e leggi nuovamente il dialogo.

5. Abbina le domande alle risposte.

1 Quanti anni hai?
2 Di dove sei?
3 Come ti chiami?
4 Dove abiti?
5 Qual è il tuo indirizzo?
6 Qual è il tuo numero di telefono?
7 Perché sei in Italia?

a Alain.
b Abito in Via Firenze 4.
c Sono francese.
d Perché studio italiano a Roma.
e A Roma.
f 14.
g 06 8237968.

**6. CD 1 - tr. 25 Tocca a te.
Prova a rispondere alle domande.**

7. Ora, scrivi le risposte.

1 ....
2 ....
3 ....
4 ....
5 ....
6 ....
7 ....

**8. Ora, a coppie, giochiamo a Battaglia Navale!
Chiedete all'insegnante come si gioca.**

LEZIONE 3 ANALISI

avere - indicativo presente

(Io)	**ho**	un bar.
(Tu)	**hai**	due libri.
(Lui/lei)	**ha**	una carta di credito.
(Noi)	**abbiamo**	un cane.
(Voi)	**avete**	una macchina nuova.
(Loro)	**hanno**	un lavoro interessante.

- Hai il mio indirizzo?
- Sì, **ce l'ho!**

Ce l'ho:
***Ragazzi in Rete* A2**, Percorso 2.

Le tre coniugazioni complete: Percorso 3, Lezione 1

1. Completa le frasi con il verbo *avere*.

1 Giovanni, hai una lettera di Mary?
Sì, ce l'ho
2 Luisa, hai l'indirizzo di Sandro?
No, ...
3 La tua amica ha una casa?
Sì, ...
4 Fabrizia ha un numero di telefono?
No, ...

2. Ora, trasforma le frasi dell'esercizio precedente al plurale.

1 Giovanni e Lino, ... una lettera di Mary?
Sì, ce l'abbiamo
2 Luisa e Claudia, ... l'indirizzo di Sandro?
No, ...
3 Le vostre amiche .... una casa?
Sì, ...
4 Fabrizia e Luca .... un numero di telefono?
No, ...

verbi in -ere: scrivere - indicativo presente

(Io)	**scrivo**	una lettera.
(Tu)	**scrivi**	un libro.
(Lui/lei)	**scrive**	una cartolina.
(Noi)	**scriviamo**	una lettera.
(Voi)	**scrivete**	un libro.
(Loro)	**scrivono**	una cartolina.

3. Completa le frasi con un verbo del riquadro.

vivere scrivere chiamarsi studiare lavorare abitare

1 Io ....abito........ in Via Garibaldi 17.
2 Signora, lei .... a Roma?
3 Maria .... italiano all'università.
4 John .... una lettera a David.
5 Lei .... Camilla.
6 Tu .... in Italia?

4. Metti le frasi alla forma negativa.

1 Giovanna e io siamo di Firenze.
Giovanna e io non siamo di Firenze.
2 (Loro) abitano a Parigi.
....
3 (Io) abito in Via Garibaldi 17.
....
4 Cristina ha un indirizzo nuovo.
....
5 (Io) ho una casa bella.
....
6 Fabrizia ha un numero di telefono.
....
7 Maria studia italiano all'università.
....
8 John scrive una lettera a David.
....

»gli interrogativi

5. Completa le domande.

1 Come.................... si scrive "indirizzo"?
2 .... abiti?
3 .... è il tuo indirizzo?
4 .... ti chiami?
5 .... sei?
6 .... sei in Italia?
7 .... si dice "cat" in italiano?
8 .... anni hai?

6. Fa' le domande.

1 - ....?
- C-A-B-A-L-L-E-R-O.
2 - ....?
- Franco è di Roma e io di Napoli.
3 - ....?
- Venticinque. Sono del 1986.
4 - ....?
- Vivo a Venezia, vicino a Piazza San Marco.
5 - ....?
- Matteo. È un amico di Torino.
6 - ....?
- Si dice "car".
7 - ....?
- 051 2445762.
8 - ....?
- Perché studio italiano a Siena.

»formale - informale

7. Rendi formale il dialogo.

Matteo Russo; Antonio Porta; Karl Ohlendorf.

informale

formale

- *Antonio*: Ciao, Matteo.
- *Matteo*: Ciao, Antonio. Questo è Karl.
- *Antonio*: Ciao, Karl. Karl, sei tedesco?
- *Karl*: No, sono austriaco.
- *Antonio*: Perché sei in Italia? Studi o lavori qui?
- *Karl*: Lavoro a Milano.
- *Antonio*: Ah, bene. Ora devo andare. Ciao!
- *Karl/Matteo*: Ciao!

- *Antonio*: Buongiorno, signor Russo.............
- *Matteo*: ....
- *Antonio*: ....
- *Karl*: ....
- *Antonio*: ....
....
- *Karl*: ....
- *Antonio*: ....
- *Karl/Matteo*: ....

8. Metti in ordine il dialogo.

Anne:

1 Ciao Claudio!
2 0,7,5 - 5,2,2,6 3,0,5. Ti telefono, ciao!
3 Giusto! Ma io non ho ancora una casa.
4 Sì? Cosa?
5 Davvero? Abiti a Perugia?
Qual è il tuo numero di telefono?
6 14. Ciao, c'è l'autobus.

Claudio:

1 Senti Anne, io abito a Perugia,
in via Oberdan 10.
2 0,7,5 - 5,2,2,6 3,0,5
3 Anne?
4 Aspetta! Quanti anni hai?
5 Anne, non ho il tuo indirizzo...
6 Ciao.

Anne: Ciao Claudio!
Claudio: ....
Anne: ....
Claudio: ....
Anne: ....
Claudio: ....
Anne: ....
Claudio: ....
Anne: ....
Claudio: ....
Anne: ....
Claudio: ....

LEZIONE 3 SINTESI

1. Dove troviamo le seguenti cose? Completa la tabella.

pasta

vino

caffè

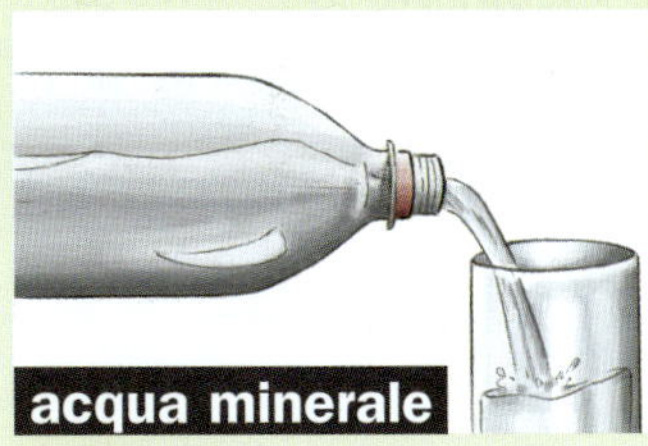
acqua minerale

francobollo

carta di credito

gelato

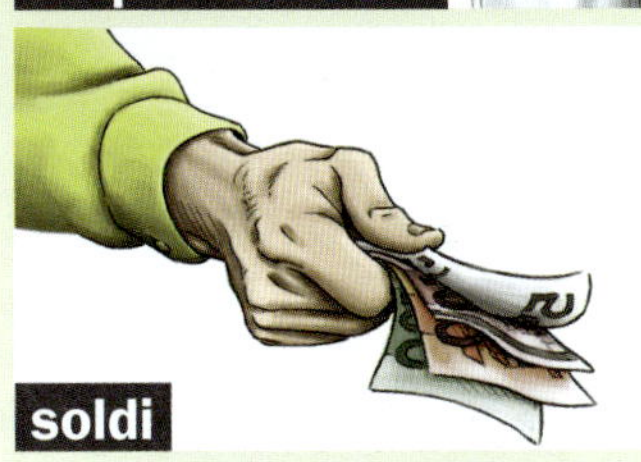
soldi

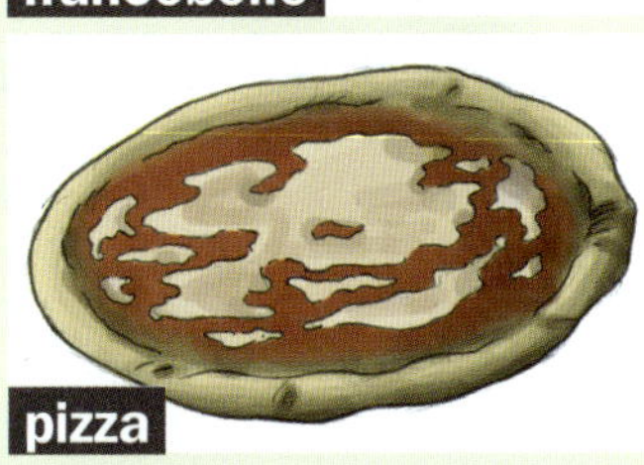
pizza

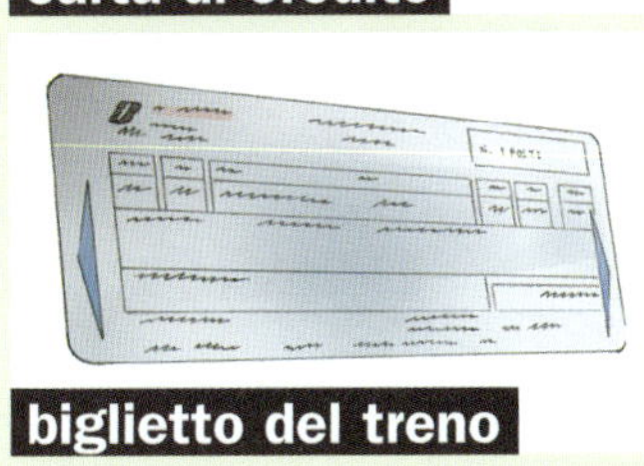
biglietto del treno

lettera

cartolina

ristorante ....
banca ....
ufficio postale ....
stazione ferroviaria ....

LEZIONE 3 CIVILTÀ »»

1. Guarda la carta dell'Italia e completa la tabella.

	regioni	capoluoghi
1	Piemonte	....
2	Valle d'Aosta	..........Aosta..........
3	....	Milano
4	Trentino	....
5	....	Venezia
6	Friuli	....
7	Liguria	....
8	....	Bologna
9	....	Firenze
10	....	Perugia
11	Marche	....
12	....	Roma
13	Abruzzo	....
14	Molise	....
15	....	Napoli
16	Puglia	....
17	Basilicata	....
18	Calabria	....
19	....	Palermo
20	....	Cagliari

2. Sai qualcosa sulla geografia dell'Italia?
Lavora con un compagno. Uno è A, l'altro è B. A va a pagina 188, B a pagina 190 dell'appendice. A turno fate domande e date risposte.

Esempio: **A:** Dov'è Bologna? È in Sicilia?
B: No, non è in Sicilia. È in Emilia Romagna.

Esempio: **A:** Dov'è Perugia? È in Umbria?
B: Sì, giusto!

Oppure

B: Non lo so.

L'Italia fisica

3. L'Italia fisica può presentare questi aspetti:

4. Quali sono le città più popolate d'Italia?

Popolazione residente nei grandi comuni*

Dati censimento 2001
*comuni con oltre 250.000 residenti

1	Roma	2.546.804
2	Milano	1.256.211
3	Napoli	1.004.500
4	Torino	865.263
5	Palermo	686.722
6	Genova	610.307
7	Bologna	371.217
8	Firenze	356.118
9	Bari	316.532
10	Catania	313.110
11	Venezia	271.073
12	Verona	253.208
13	Messina	252.026

Milano

Torino

Roma

Napoli

Bologna

Genova

PROGETTO

Ascolta il tuo insegnante e...

1. divisi a gruppi trovate...
2. gioca...
3. trova...
4. trova...

TEST

1 **Osserva le immagini e trova i nomi degli oggetti completando il cruciverba.** ..... / 10

1

2

3

4

5

6

7

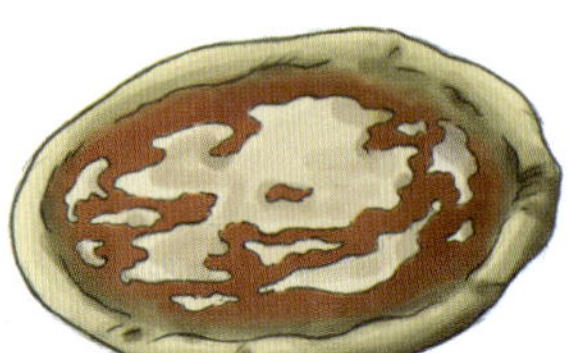

8

9

10

2 Scrivi in lettere i numeri.

..... / 4

1 Scusa, qual è il numero del tuo volo?
(AZ11-0-2) ....
2 Qual è il tuo numero di telefono?
(5-3-18-9-8-6) ....
3 Ecco il tuo nuovo numero di carta di credito.
(17-4-12-11) ....
4 Scusa, puoi ripetere il numero del tuo documento?
(7-1-13-19) ....

3 Completa le domande con le espressioni contenute nel sacco.

..... / 8

Di dov'è .... il professore?
1 .... ti chiami?
2 .... abiti?
3 .... anni hai?
4 .... sei stanco?
5 .... il tuo indirizzo?
6 .... il gatto?
7 .... torni a casa?
8 .... sei?

4 Riordina le seguenti frasi.

..... / 3

1 nuovo il Luisa ho telefono di numero non di ....
2 ci Venezia sono cinema non a molti ....
3 americano a ma è John Londra abita ....

5 Completa il testo con i verbi *prendere, scrivere, studiare, avere, lavorare.*

..... / 5

Ahmed abita a Roma ma .... all'Università di Perugia dove .... una piccola camera in affitto con un amico marocchino. Il fine settimana .... il treno e torna a Roma, dove .... in un ristorante arabo. In treno .... lettere ai suoi amici in Marocco.

Totale: ..... / 30

REVISIONE & AMPLIAMENTO »

FUNZIONI »

1. Completa il dialogo con le parole del riquadro.

anch'io studio corso stanca quando

- *Claudio*: Finalmente in Italia! Finalmente a Perugia!
- *Anne*: Come sono **1** .... !
- *Claudio*: **2** .... !
  Ma ormai sono a casa.
  Senti Anne, perché sei in Italia?
- *Anne*: **3** .... italiano a Perugia.
- *Claudio*: **4** .... torna in Svizzera?
- *Anne*: Alla fine del **5** ....

2. Completa il dialogo.

- *Lui*: Ciao Marina, hai il mio indirizzo, vero?
- *Lei*: No, ...
- *Lui*: Sì, abito qui a Siena.
- *Lei*: ....
- *Lui*: In Via dei Pispini 154. Aspetta, te lo scrivo.
- *Lei*: ....
- *Lui*: E tu dove abiti? Non ho il tuo indirizzo...
- *Lei*: Non ho ancora ....
- *Lui*: Va bene, allora ti do il mio numero di telefono, non si sa mai: 331 2736456. E il tuo?
- *Lei*: ....
- *Lui*: Bene. Ti telefono. Ciao!
- *Lei*: ....

Capoluogo:
la città più importante di una regione.

CIVILTÀ »

L'Italia e le regioni

3. Nell'esercizio 1 a pagina 40 hai visto le regioni italiane, ricordi? Conosci i capoluoghi?

a. Quante regioni ci sono in Italia?
b. Completa la tabella:

	regione	capoluogo
1	L A Z I O	R O M A
2	T _ _ _ _ _ _	F _ _ _ _ _ _
3	V _ _ _ _ _	V _ _ _ _ _ _
4	L _ _ _ _ _ _ _ _	M _ _ _ _ _
5	C _ _ _ _ _ _ _	N _ _ _ _ _
6	S _ _ _ _ _ _	P _ _ _ _ _ _
7	P _ _ _ _ _	B _ _ _

LESSICO»

4. Scrivi i nomi degli oggetti.

5. Scrivi un aggettivo per queste parole. Non scrivere un aggettivo due volte.

1 una pizza	**8** un ristorante ....
2 una casa	**9** un libro ....
3 un francobollo	**10** un amico ....
4 una macchina	**11** un telefono ....
5 un ragazzo	**12** una carta di credito ....
6 una ragazza	**13** uno studente ....
7 un volo	**14** una città ....

6. **Ordina in gruppi le parole.**

bello gelato nuovo pizza brutto carta di credito cartolina banca vecchio aeroporto francobollo ristorante stazione ferroviaria

mangiare e bere
- ....
- ....
- ....
- ....

città
- ....
- ....
- ....
- ....

aggettivi
- ....
- ....
- ....
- ....

altro
- ....
- ....
- ....
- ....

LETTURA»

7. **Leggi gli annunci e decidi quale appartamento va bene per Maria Caballero, una studentessa argentina.**

1
Affitto appartamento a studenti stranieri.
Solo ragazzi.
Costo € 125 al mese a stanza.
Telefonare al numero 338 3451984

2
Camera doppia per due ragazze.
Dal lunedì al venerdì.
Costo interessante.
Scrivere a casella postale
129 - 00182 Roma

3
Stanza singola in appartamento con 3 studentesse.
Solo ragazze.
€ 135 al mese.
Telefonare ora di cena a Sig.ra Paola:
06 3428575.

RIFLESSIONE GRAMMATICALE»

8. Metti le frasi al plurale.

1 Io sono spagnola. ....
2 Tom è di Londra. Jim e Tom ....
3 Tu sei bella. Tu e Lucia ....
4 All'aeroporto c'è un ristorante .... cinque ....

9. Completa con l'articolo determinativo e poi fa' il plurale; scrivi in lettere i numeri.

1 .... bagno (2) ....
2 .... libro (10) ....
3 .... casa (3) ....
4 .... agenzia (2) ....
5 .... biglietto (9) ....
6 .... inglese (12) ....
7 .... agente (3) ....
8 .... telefono (4) ....
9 .... ristorante (8) ....
10 .... bella ragazza (7) ....
11 .... volo pieno (3) ....

10. Scrivi in lettere i numeri.

1 12...
2 7 ....
3 9 ....
4 2 ....
5 15...
6 19...
7 20...
8 11...

11. Scrivi i numeri nel cruciverba.

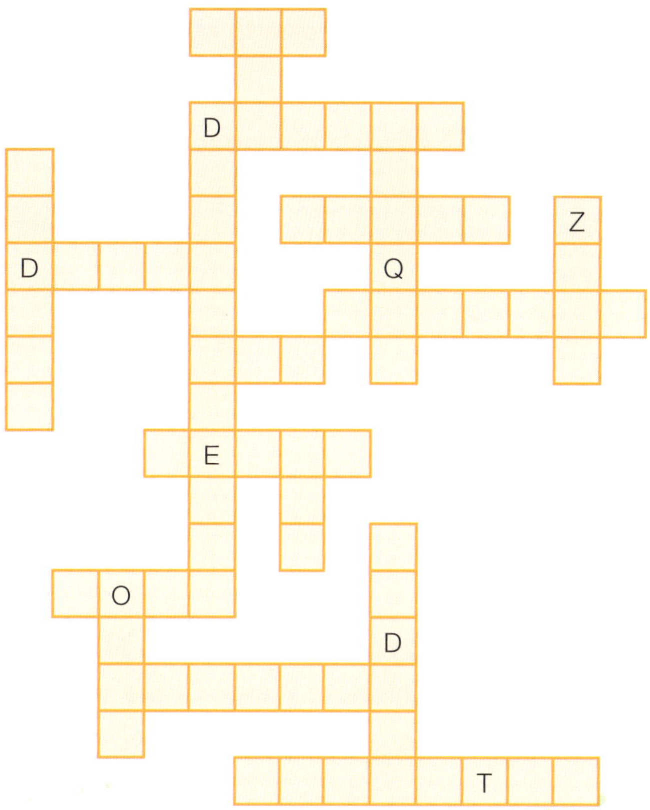

12. Rendi più formali le domande.

1 Quanti anni hai?
....
2 Di dove sei?
....
3 Come ti chiami?
....
4 Dove abiti?
....
5 Perché sei in Italia?
....

PERCORSO 3 › STUDIARE E LAVORARE

LEZIONE 1 GLOBALITÀ

1. **Claudio ha alcuni amici di penna. Oggi telefona a uno di loro. Secondo te a chi? E perché? A coppie, fate delle ipotesi.**

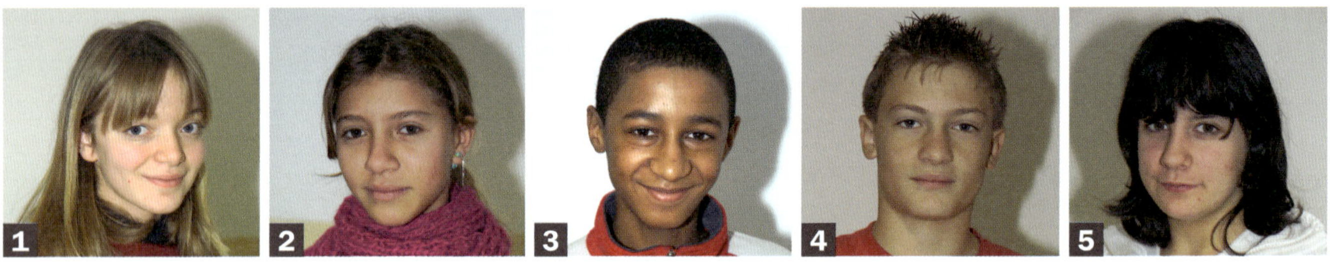

2. CD 1 - tr. 26 **Ora, ascolta la conversazione. A chi telefona Claudio? E perché?**

3. CD 1 - tr. 27 **Ascolta nuovamente la conversazione e completa la tabella.**

Nome:	Numero di telefono: ....
Cognome:	Numero di telefono cellulare: ....
Età:	Lingue straniere: ....
Nazionalità:	Esperienza (studio o lavoro): ....
Indirizzo:	Altro: ....

4. **Quante domande per un corso! Ma per trovare un lavoro possono essere ancora di più. A coppie, chiedete il significato delle parole del riquadro.**

Esempio: - Cosa vuol dire "sposato"?
- Vuol dire...

titolo di studio	patente	stato civile	sposato

LEZIONE 1 ANALISI

l'indicativo presente dei verbi regolari

- Ci sono tre coniugazioni:
  I -are (amare)
  II -ere (scrivere)
  III -ire (sentire - finire)

Coniugazione **III -ire** in:
III a (*sentire*) e III b (*finire*).

I - are: *amare*	
(io)	am - **o**
(tu)	am - **i**
(lui/lei)	am - **a**
(noi)	am - **iamo**
(voi)	am - **ate**
(loro)	am - **ano**

II - ere: *scrivere*	
(io)	scriv - **o**
(tu)	scriv - **i**
(lui/lei)	scriv - **e**
(noi)	scriv - **iamo**
(voi)	scriv - **ete**
(loro)	scriv - **ono**

III - ire: *sentire*	
(io)	sent - **o**
(tu)	sent - **i**
(lui/lei)	sent - **e**
(noi)	sent - **iamo**
(voi)	sent - **ite**
(loro)	sent - **ono**

III - ire: *finire*	
(io)	fin - **isc- o**
(tu)	fin - **isc- i**
(lui/lei)	fin - **isc- e**
(noi)	fin - **iamo**
(voi)	fin - **ite**
(loro)	fin - **isc- ono**

gli accenti

singolare	
parl**o**	rispond**o**
parl**i**	rispond**i**
parl**a**	rispond**e**

plurale	
parl**iamo**	rispond**iamo**
parl**ate**	rispond**ete**
parlano	ris**pon**dono

1. Metti il verbo alla persona richiesta.

1 abitare: (tu) ....abiti..................
2 vendere: (lui) ....
3 scrivere: (io) ....
4 lavorare: (lei) ....
5 ascoltare: (io) ....
6 tornare: (tu) ....
7 finire: (io) ....
8 sentire: (tu) ....

2. Metti i verbi dell'esercizio 1 al plurale.

1 abitare: (voi) ....abitate...............
2 vendere: (loro) ....
3 scrivere: (noi) ....
4 lavorare: (loro) ....
5 ascoltare: (noi) ....
6 tornare: (voi) ....
7 finire: (noi) ....
8 sentire: (voi) ....

3. Completa le frasi con un verbo.

1 Quando ....studio......, ... la radio.
2 .... a Napoli, ma siamo inglesi.
3 Quando .... di lavorare nel tuo ufficio?
Io .... alle 5, ma Sara .... alle 7.
4 In settembre .... a casa, sono molto felice!
5 Björn .... l'Italia, viene sempre in vacanza.
6 Quando siete in vacanza, ... sempre una cartolina a casa?

LEZIONE 1 SINTESI »»

1. Leggi le offerte di lavoro e rispondi alle domande.

1 Che tipo di lavoro è?
2 Com'è lo stipendio?
3 Quanto dura il lavoro?
4 Quali caratteristiche richiedono?
5 Come si chiama la ditta?
6 Qual è il numero di telefono?
7 Dov'è la ditta?

Hai almeno 18 anni? Ami viaggiare?
Sei un tipo sportivo? Ami la gente?
Vuoi imparare una lingua straniera?
I villaggi vacanze *La spiaggia dorata* cercano 10 giovani (maschi e femmine) per la stagione turistica da aprile a ottobre. **Offrono stipendio** di 1000 USD al mese, camera singola e pasti nei ristoranti dei villaggi.
Per la selezione presentarsi il 2 febbraio alle ore 9 presso l'**Hotel Moderno** in Viale Trastevere, 343 a Roma.

Cerchiamo per *Scarpa&Co.*,
ditta con sede a Firenze, un/una rappresentante di prodotti di moda made in Italy.
La persona ideale ha tra i 20 e i 25 anni, è residente in Toscana e ama viaggiare in Italia e all'estero. Può vivere all'estero per almeno 4 mesi all'anno, parla l'inglese e il francese, ha minimo 5 anni di esperienza nel settore.
La ditta offre: stipendio interessante e possibilità di carriera. Lavoro a tempo indeterminato. Inviare CV a **Agenzia Job+**: C.P. 546, Siena.

Impariamo a usare il dizionario »

Quante volte abbiamo bisogno del dizionario!
Ma non è facile usarlo.
Ti aiutiamo a imparare come si fa con un dizionario italiano.

2. Leggi la frase e cerca sul dizionario la definizione corretta della parola "medico".

Il Dott. Pasquini è il medico di famiglia di Giovanni.

dicus, der. di *mederi* 'curare'].
medico[2] ⟨mè·di·co⟩ s.m. (pl. *-ci*). Professionista abilitato all'esercizio della medicina (indica la professione più che la persona, alla quale ci si riferisce com. col titolo di *dottore*): *m. condotto*, *legale*, *fiscale*; *m. di base*, di famiglia o di fiducia; *ufficiale m.*, che presta servizio nell'esercito; ***estens.***: *m. dell'anima*, il sacerdote ♦ ***fig.*** Cura, rimedio: *il tempo è un gran m.* [Uso sost. dell'agg. prec.].
medico[3] ⟨mè·di·co⟩ agg. (pl.m. *-ci*). Della *Media*, antica regione dell'Iran nord-occid., abitata dal popolo dei Medî.
medietà ⟨me·die·tà⟩ s.f., *lett.*, *non com.* Posizione di mezzo tra due

s. m. pl. sono ***abbreviazioni***.
Capisci questa parola?
È formata da *breve* = *corto*.

3. I dizionari usano spesso abbreviazioni. Abbina le abbreviazioni con le parole intere.

1 s.	2 m.	3 agg.	4 pl.	5 lett.	6 f.
a letterario	b plurale	c sostantivo	d femminile	e maschile	f aggettivo

4. Quali altre informazioni dà il dizionario? Guarda nuovamente la definizione di "medico".

	SI	NO	
1 pronuncia	☒	☐	mèdico
2 diversi significati	☐	☐	....
3 etimologia	☐	☐	....
4 proverbi/modi di dire	☐	☐	....
5 esempi di uso della parola	☐	☐	....

LEZIONE 2 GLOBALITÀ

1. **Che lavoro fanno? Unisci i lavori alle figure corrispondenti. Uno di questi non è un lavoro. Qual è?**

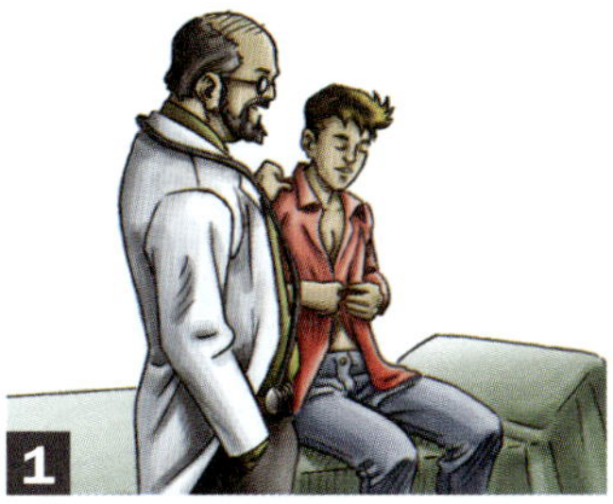

.... parrucchiere
.... tassista
.... meccanico
.... idraulico
.... contadino
.... poliziotto
.... cliente
.... impiegato
.... medico
.... muratore
.... macellaio
.... commessa
.... infermiera

2. **Insieme a due compagni, controlla le risposte.**

3. CD 1 - tr. 28 **Quale lavoro fa Rino? Ascolta la registrazione.**

4. CD 1 - tr. 29 **Ascolta nuovamente la registrazione e scegli la risposta.**

1 Rino — a fa — b ripara — c lava — d vende macchine.
2 Secondo lui, è un lavoro — a creativo — b interessante — c bello — d difficile.
3 Lavora con — a una persona — b due persone — c tre persone — d quattro persone.

LEZIONE 2 ANALISI »»

»verbi irregolari

fare - indicativo presente		
(Io)	**faccio**	l'insegnante.
(Tu)	**fai**	la commessa.
(Lui/lei)	**fa**	il medico.
(Noi)	**facciamo**	l'università.
(Voi)	**fate**	la pizza.
(Loro)	**fanno**	una pausa.

sapere - indicativo presente		
(Io)	**so**	l'inglese.
(Tu)	**sai**	il tedesco.
(Lui/lei)	**sa**	il francese.
(Noi)	**sappiamo**	l'italiano.
(Voi)	**sapete**	il russo.
(Loro)	**sanno**	lo spagnolo.

1. Coniuga il verbo.

1 Sandro non *sapere* l'italiano.
....

2 Jorge *fare* l'insegnante.
....

3 Cosa *fare* tu e Catia domani?
....

4 Che lavoro *fare* Giovanni e Alice?
....

5 Mia moglie e io *sapere* molte lingue.
....

2. Completa le frasi con un verbo del riquadro.

vivere lavorare fare avere (x 2) rispondere finire ascoltare sapere tornare

1 Io .... 35 anni.
2 Michela .... in un supermercato.
3 David .... in Canada.
4 Salvatore .... il tedesco.
5 Stasera .... la pizza.
6 Tu .... spesso musica italiana?
7 Tommaso .... un lavoro nuovo.
8 Maria non .... alle mie domande.
9 Domenico .... spesso a Napoli.
10 Giovanni, quando................. l'università?

3. Metti al plurale i verbi dell'esercizio 2.

4. Completa le domande e le risposte con *essere, avere, sapere* o *fare*.

1 - Di dove ....è.............. Paolo?
- .... italiano.

2 - Quanti anni ....?
- Io 45 e lei 34.

3 - Quante lingue .... i tuoi studenti?
- .... due lingue.

4 - Cosa ....?
- Lavoro in ospedale, ... il medico.

5 - Qual .... il tuo indirizzo?
- Via Ponte Nuovo 43. Mia moglie e io .... un appartamento con giardino.

6 - Cosa .... Peter?
- Lavora in un supermercato, ... il macellaio.

7 - .... dove vive John?
- Mi spiace, non lo ....

8 - .... una penna rossa?
- Sì, eccola!

LEZIONE 2 SINTESI

1. Abbina definizioni e lavori.

1 casalinga
2 meccanico
3 commessa
4 medico
5 impiegato
6 macellaio
7 muratore
8 cameriere
9 giornalaio

a lavora in un ufficio o in banca
b costruisce case
c lavora in un negozio, vende cose ai clienti
d vende carne
e lavora in casa
f serve i clienti in un ristorante, bar, pizzeria
g ripara le macchine
h cura i malati
i vende giornali

2. Guarda le figure e con un compagno, a turno, uno fa le domande e l'altro dà le risposte.

Esempio: - Che lavoro fa Angelo?
- Fa il poliziotto.

Sono poliziotto. / Faccio il poliziotto.

3. Lavora con un compagno. Uno di voi è A, l'altro B. A va a pagina 188, B a pagina 190. A turno fate domande e date risposte per completare le informazioni personali delle persone nelle foto.

Esempio: B: - Come si chiamano?
A: - Inge e Hans.

4. Con le informazioni che hai, scrivi una frase su due persone.

Esempio: - Inge Moeller è tedesca, fa la parrucchiera...

1 ....
....
....

2 ....
....
....

LEZIONE 3 GLOBALITÀ »»

1. Leggi rapidamente i testi, poi abbina le foto ai testi.

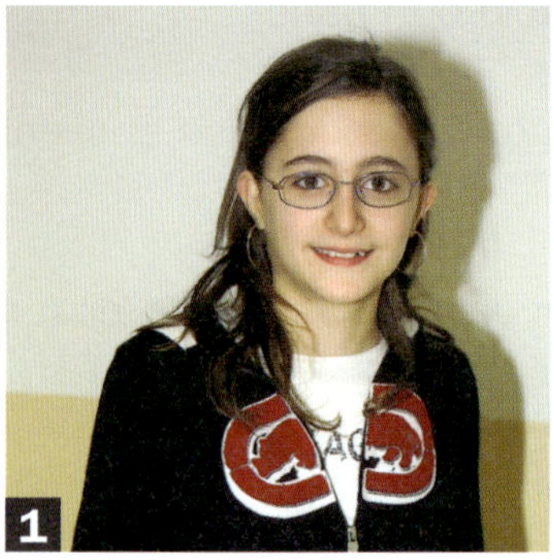
1

2

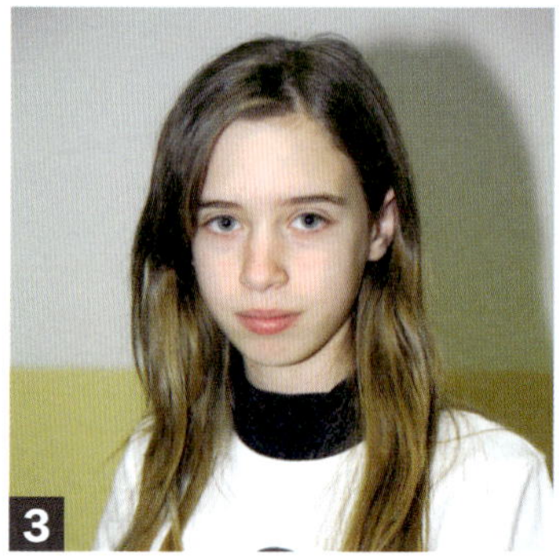
3

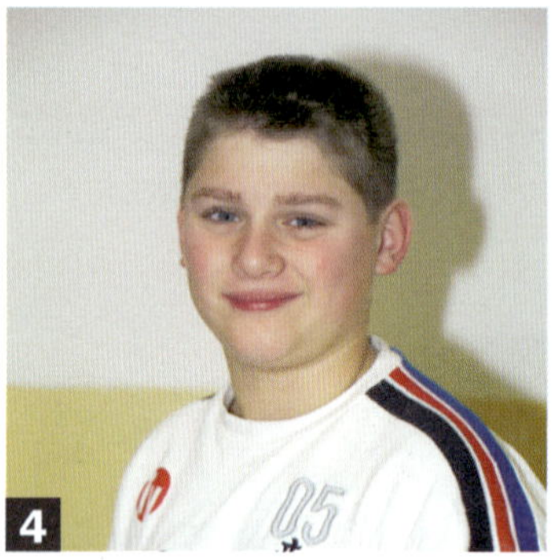
4

5

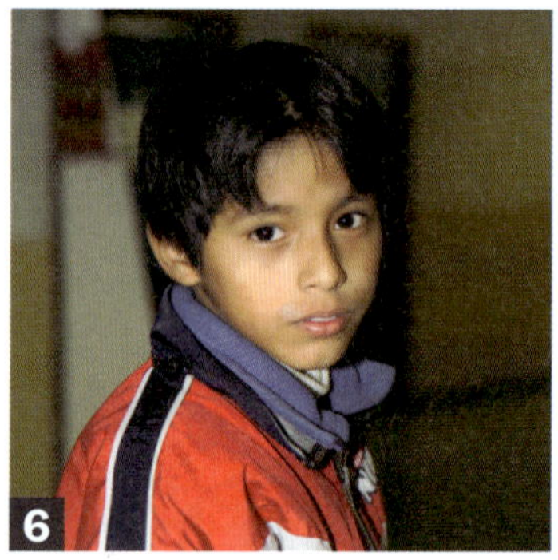
6

....

....

....

a) "Mi chiamo Juan e sono di Quito in Ecuador. Quito è una città grande con tante montagne attorno. Sono bellissime! Ho 14 anni e vado a scuola. È una scuola particolare perché studio molta musica: mi piace molto suonare il violino! Parlo spagnolo, la mia lingua, e italiano.
So anche un po' d'inglese. Mio padre è impiegato, mia madre fa l'infermiera. Cerco amici in Italia!"

b) "Abito a Chicago, la città più bella degli Stati Uniti, in una casa con un giardino carino in una zona tranquilla. Ho 13 anni, sono alto, simpatico, intelligente! Ci scriviamo? La mia passione è il calcio, gioco in una squadra di Chicago. Il mio sogno è andare in Italia a giocare in Serie A.
Ah, mi chiamo David! Abito con mia madre, fa la professoressa."

c) "Ho 15 anni. Mi chiamo Dominique, sono francese, vivo a Parigi con mio padre e mia madre.
Mio padre è meccanico e mia madre fa la casalinga. Non mi piace la scuola, ma mi piace studiare l'italiano e andare in vacanza in Italia! Dai, scrivimi!"

2. Leggi nuovamente i testi e rispondi alle domande.

1 Chi abita a Chicago?
2 Chi parla spagnolo?
3 Chi va in vacanza in Italia?
4 Chi studia violino?
5 Chi ama il calcio?
6 Chi conosce le montagne?

3. Controlla con un compagno le tue risposte.

4. Ora, indovinate chi siete!
Insieme a un compagno: a turno siete uno dei personaggi dei testi dell'esercizio 1. Uno fa le domande e l'altro risponde.

5. Scegli un amico di penna tra questi ragazzi e ragazze e scrivi una tua presentazione.

....
....
....
....
....
....

Alla scoperta della lingua

Osserva gli esempi e completali.
.... è? È un libro.
.... è? È mio fratello.
Quando si usa ***chi***, quando si usa ***cosa***?

Alla scoperta della lingua

Leggi nuovamente i testi della pagina precedente e prova a completare la tabella.

Articolo determinativo

maschile	**femminile**
.... meccanico	.... casalinga
.... impiegato	.... professoressa
	.... infermiera

LEZIONE 3 ANALISI

articolo determinativo

maschile	
davanti a una consonante	**il** telefono
davanti a S + consonante, Z, PS, GN, X	**lo** studio
davanti a una vocale	**l'**ufficio

femminile	
davanti a una consonante	**la** casa
davanti a una vocale	**l'**amica

Articoli determinativi completi: vedi Percorso 4.

1. Metti l'articolo determinativo.

1 .... cognome
2 .... età
3 .... francobollo
4 .... infermiera
5 .... esperienza
6 .... studio
7 .... numero di telefono
8 .... idraulico
9 .... lingua straniera
10 .... stato
11 .... indirizzo
12 .... impiegato
13 .... psicologo
14 .... lavoro
15 .... meccanico
16 .... acqua
17 .... commessa
18 .... cliente
19 .... pizza
20 .... amica

2. Metti l'articolo determinativo e completa le parole.

1 .... cas........... nuov........... di Anna è molto bell........... .
2 Questo è Ivan, ... student........... russ........... .
3 .... ragazz........... carin........... è mia amica.
4 Leggi .... ultimo libr........... di Eco, è interessant........... .
5 .... amic........... di Mario è felic........... perché ha un........... macchin........... nuov........... .
6 Giorgio fa .... impiegat........... .

3. Completa le frasi con l'articolo determinativo dove necessario.

1 .... tuo numero di telefono è 02 3426785, vero?
2 Abiti in .... Piazza del Popolo?
3 .... Signor Rossi fa .... ingegnere.
4 .... Portogallo è un paese dell'Unione Europea.
5 .... Signora, lei è inglese?
6 .... mia casa nuova è molto carina.
7 .... libro d'italiano è facile.
8 .... studente con .... tua amica Cristina è Tommaso.

4. Lavora con un compagno. Lo studente A va a pagina 189, lo studente B va a pagina 191. Fate delle domande. Rispondete con gli articoli determinativi.

» le preposizioni *in* e *a*

- ***in*** Via Liguria 6
- ***in*** Piazza del Campo
- ***a*** casa
- ***a*** scuola

A *Madrid,* ***in*** *Spagna:* vedi Percorso 2.

» la preposizione *per*

- settembre 2011
- settembre 2012

Julie ha un lavoro **per** un anno.
(Julie ha un lavoro che dura un anno.)

2011 = anno
ottobre = mese
sabato = giorno

5. Metti le preposizioni.

1 .... casa
2 .... due giorni
3 .... Berlino
4 .... Piazza Navona
5 .... sei anni
6 .... Francia
7 .... quattro mesi
8 .... Via Farini
9 .... scuola

6. Scegli la preposizione.

1 Vado spesso a / in / per Barcellona a / in / per Spagna.
2 Silvano vive a / in / per Umbria, a / in / per Perugia.
3 Sara abita a / in / per Via Nazionale 14.
4 Max studia a / in / per Roma.
5 a / in / per casa mia non c'è il giardino.
6 a / in / per Italia i numeri di telefono hanno sempre il prefisso.
7 a / in / per scuola i ragazzi italiani studiano due lingue straniere.
8 Stefano è a / in / per vacanza a / in / per Grecia a / in / per due mesi.

7. Fa' le domande.

1 ....
Sono turco.
2 ....
Ascolto solo rock.
3 ....
Vende giornali.
4 ....
È in Spagna.
5 ....
È Hans, uno studente tedesco.
6 ....
Sono in Italia per lavoro.
7 ....
Non lo so. Probabilmente in ottobre.
8 ....
È inglese, vuol dire gatto.

LEZIONE 3 SINTESI

1. Scrivi tre brevi testi simili a quelli dell'attività 1 di pag. 54.

....
....
....
....
....

....
....
....
....
....

....
....
....
....
....

2. Lavora con due compagni. A turno, fate domande e date risposte per ottenere informazioni sulle persone dei vostri testi.

LEZIONE 3 CIVILTÀ »»

Il lavoro in Italia

1. I principali settori lavorativi:

2. Grafico dei settori lavorativi in Italia:

agricoltura 7%

industria 43%

terziario 50%

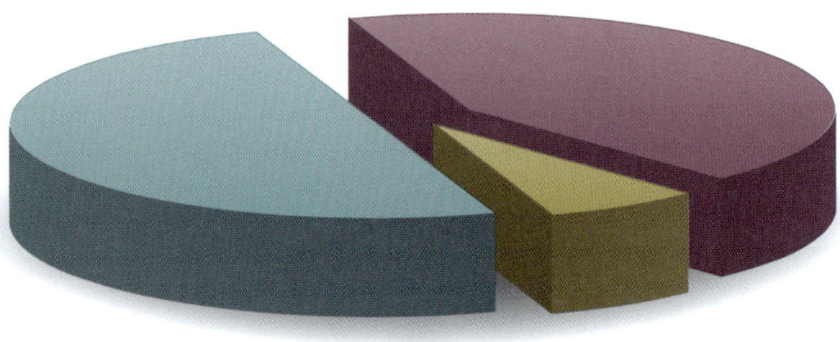

PROGETTO

1. Intervista cinque persone e fa' domande sul loro lavoro.

2. Completa la seguente tabella.

	persona 1	persona 2	persona 3	persona 4	persona 5
settore	....	....	....	....	....
lavoro	....	....	....	....	....
numero di ore	....	....	....	....	....
dove	....	....	....	....	....
interessante	....	....	....	....	....

Ascolta il tuo insegnante e...

3. gioca...
4. intervista...
5. crea...

TEST

1 Completa il testo con gli articoli determinativi. ..... / 8

Chi desidera avere .... permesso di soggiorno in Italia deve completare una scheda e scrivere .... nome, ... nazionalità, ... indirizzo e .... numero di telefono in Italia, ... stato civile, ... titolo di studio o .... professione.

2 Completa con le preposizioni *in*, *a*, o *per*. ..... / 8

Françoise Dupont è una ragazza francese. Vive .... Italia, ... Milano. Ha una borsa di studio .... un anno. Tutti i giorni, la mattina, va .... scuola di italiano .... quattro ore. Poi torna .... casa, ... Via Verdi, dove vive con tre amiche.
Il pomeriggio va all'università, ma solo .... tre giorni alla settimana.

3 Completa il testo di queste cartoline con i verbi indicati. ..... / 16

Ciao Paola,
adesso .... a Venezia.
.... una camera in affitto con altri studenti. .... italiano e la sera .... la baby-sitter.
E tu come................................?
.... sempre la musica heavy metal?
Quando .... il nuovo indirizzo ti .... subito un'altra cartolina.
Ti abbraccio

Martine

essere	cercare
fare	studiare
avere	scrivere
ascoltare	stare

Cara Francesca, come ....?
Noi molto bene! .... in un piccolo albergo in centro, ma .... un appartamento in affitto. Perugia è veramente molto bella. Non .... ancora bene l'italiano ma .... un corso all'università. Peter .... molte lettere per trovare un lavoro. Quando .... il corso, ... in Germania.
Un bacione e a presto
Peter e Margit

cercare fare
sapere scrivere
stare vivere
tornare finire

4 Leggi questo testo e riordina le frasi della seconda colonna secondo il senso. ..... / 8

1 - Ciao, io mi chiamo Gianni.
2 - Sei amico di Luisa da tanto tempo?
3 - Non sei italiano?
4 - Lavori o studi?
5 - Di che cosa?
6 - Perché sei venuto in Italia?
7 - Sai parlare l'italiano molto bene, complimenti.
8 - Andiamo a prendere un caffè?

a - D'accordo, però offro io.
b - È un negozio di materiale informatico, vendiamo computer.
c - Grazie, studio ogni giorno in una scuola, di sera, quando finisco di lavorare; mi piace l'italiano.
d - Piacere, sono Pierre.
e - Sì, più o meno tre anni.
f - Lavoro in un negozio.
g - Mi sono sposato con una ragazza di Roma e così...
h - No, sono di Parigi, ma vivo a Roma da tre mesi.

1	2	3	4	5	6	7	8
.....	.....	.....	.....	.....	.....	.....	.....

5 La segreteria telefonica di Paola non funziona molto bene. Completa il messaggio secondo il senso. ..... / 10

C.............. Paola, ... Martina. Ti chia.............. per dirti che quest.............. sera con degli amic............ ci trovi............ a casa mia perché è il mio compleanno. Ci ved............ verso le otto. Porta anche .... tuo ragazz............... . Ciao, ... presto.

Totale: ..... / 50

REVISIONE & AMPLIAMENTO »

FUNZIONI »

1. Completa il dialogo: tu parli con il direttore di un'agenzia e cerchi lavoro.

- *Direttore*: Buongiorno.
- *Tu*: ....
- *Direttore*: Prego, si può sedere.
- *Tu*: ....
- *Direttore*: Allora... Lei è il Signor?
- *Tu*: ....
- *Direttore*: Quanti anni ha?
- *Tu*: ....
- *Direttore*: È sposato?
- *Tu*: ....
- *Direttore*: Dove abita?
- *Tu*: ....
- *Direttore*: Il suo numero di telefono?
- *Tu*: ....
- *Direttore*: Benissimo. Ha qualche esperienza nel nostro settore?
- *Tu*: ....
- *Direttore*: Interessante; lei è laureato?
- *Tu*: ....
- *Direttore*: Ha la patente?
- *Tu*: ....
- *Direttore*: Sa usare il computer?
- *Tu*: ....
- *Direttore*: Quali lingue straniere conosce?
- *Tu*: ....
- *Direttore*: Bene. Le telefono domani. Grazie.
- *Tu*: ....
- *Direttore*: Arrivederci.

LESSICO»

2. Abbina le figure ai nomi dei lavori.

1

2

3

4

5

6

.....	carabiniere
.....	meccanico
.....	insegnante
.....	parrucchiere
.....	contadino
.....	cameriere

3. Trova la definizione giusta.

1 titolo di studio → b
2 stato civile
3 patente
4 lingue straniere
5 sposato

a uomo che ha una moglie
b laurea, diploma
c lingue che si parlano fuori dal tuo paese
d documento che serve per guidare l'automobile
e significa: sposato? Non sposato?

4. Trova i lavori.

A	M	S	K	B	C	L	O	M	A	B	T	R	H	H	I	C	Q	H
B	U	A	S	A	L	I	N	G	A	E	R	C	I	I	M	I	G	I
A	Y	A	R	I	C	A	S	M	I	V	A	R	A	Z	P	S	A	A
I	T	O	B	C	O	M	M	E	S	S	A	V	L	L	I	H	P	P
S	R	E	U	S	T	E	G	C	L	I	B	D	L	L	E	L	X	U
C	E	A	O	O	T	I	L	C	A	S	A	L	I	N	G	A	A	P
F	G	R	N	A	M	E	R	A	J	U	D	I	F	F	A	F	F	T
U	I	E	A	A	A	P	I	N	C	E	M	U	R	A	T	O	R	E
C	O	N	S	I	C	O	M	I	D	R	M	I	U	U	O	R	E	S
E	R	N	E	M	E	D	I	C	O	E	B	V	O	R	U	U	U	I
U	N	O	R	T	L	Z	Z	O	D	G	N	O	T	L	O	V	P	O
P	A	C	A	T	L	R	A	O	I	A	N	O	U	Q	U	T	T	M
N	L	O	S	I	A	I	L	E	R	E	R	N	O	S	T	E	K	F
C	A	M	E	R	I	E	R	E	I	O	Z	U	S	C	X	O	S	I
A	I	T	P	T	O	H	U	A	D	F	Z	B	L	N	E	R	I	C
G	O	Q	F	B	V	I	I	C	F	G	W	M	K	P	D	T	O	A

RIFLESSIONE GRAMMATICALE»

5. Da' il nome alle figure. Usa l'articolo determinativo.

1

2

3

4

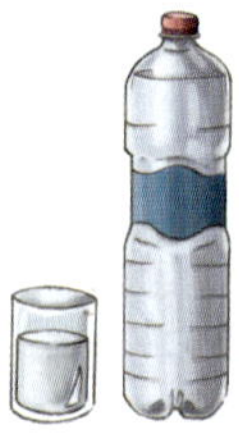
5

6

7

8

9

10

11

12

1 ....Il bambino..........
2 ....
3 ....
4 ....
5 ....
6 ....
7 ....
8 ....
9 ....
10 ....
11 ....
12 ....

6. Metti la preposizione.

1 Abito ....a.... Genova.
2 Il mio ufficio è .... Via L. Da Vinci, 3.
3 Alberto è in vacanza .... Portogallo, ... Lisbona.
4 Sono .... casa in vacanza .... 4 giorni.
5 .... Piazza di Spagna .... Roma c'è un piccolo bar molto carino.
6 Karl ha un nuovo lavoro .... Pakistan .... due anni.

7. Scrivi le persone singolari dei verbi.

lavorare	io	....	parlare	io	....
	tu	....		tu	....
	lui/lei	....		lui/lei	....
vendere	io	....	abitare	io	....
	tu	....		tu	....
	lui/lei	....		lui/lei	....
scrivere	io	....	vivere	io	....
	tu	....		tu	....
	lui/lei	....		lui/lei	....
finire	io	....	sentire	io	....
	tu	....		tu	....
	lui/lei	....		lui/lei	....

8. Scrivi le persone plurali dei verbi.

lavorare	noi voi loro	....
vendere	noi voi loro	....
scrivere	noi voi loro	....
finire	noi voi loro	....

parlare	noi voi loro	....
abitare	noi voi loro	....
vivere	noi voi loro	....
sentire	noi voi loro	....

9. Completa le frasi con un verbo del riquadro.

vivere lavorare fare avere (x2)
rispondere finire ascoltare
sapere tornare

1 Io .... 35 anni.
2 Michela .... in un supermercato.
3 David .... in Canada.
4 Salvatore .... il tedesco.
5 Stasera .... la pizza.
6 Tu .... spesso musica italiana?
7 Tommaso .... un lavoro nuovo.
8 Maria non .... alle mie domande.
9 Domenico .... spesso a Napoli.
10 Giovanni, quando .... l'università?

10. Metti al plurale i verbi dell'esercizio 9.

11. Metti il verbo.

1 Mia moglie ed io ....amiamo.......... molto viaggiare.
2 Klaus .... il muratore, ... case.
3 (Io) .... spesso la musica, quando .... a casa.
4 Laura .... molto: libri, giornali, ecc.
5 .... inglese? No, ma vogliamo fare un corso all'università per quattro mesi.
6 Il macellaio .... la carne.

12. Correggi gli errori.

1 Sappi lo spagnolo? No, ma so il francese.

....

2 Carlo faccio il meccanico.

....

3 In Italia ci è molte città.

....

4 Havete il libro di storia? No, non sapiamo dov'è.

....

5 Inge e Peter siamo tedeschi.

....

6 Giovanni e Sandra partiscono per la Sicilia domani.

....

13. Forma delle frasi.

L'	ha	casa	hanno	a
secondo	anni	via	di	Palermo
quanti	abitano	ha	in	nuova
anni	Sandro?	amica	me	tedesca
dove	Sara e Silvia?	25	una	Napoli

LETTURA»

14. Leggi le offerte di lavoro e rispondi alle domande.

1 Che tipo di lavoro è?
2 Com'è lo stipendio?
3 Quanto dura il lavoro?
4 Quali caratteristiche richiedono?
5 Come si chiama la ditta?
6 Qual è il numero di telefono?
7 Dov'è la ditta?

Siamo una ditta di importazione di prodotti per la casa, leader nel settore.

Cerchiamo: 2 impiegate per la nostra sede di Roma, con perfetta conoscenza dell'inglese e di programmi informatici per la gestione dell'ufficio.
Offriamo: contratto per 2 anni e stipendio secondo le capacità.
Telefonare: 067834209 - Casamia import-export.

Per un nostro importante cliente leader internazionale nel settore dei servizi on-line cerchiamo responsabile sistemi informatici.

Richiediamo: laurea, esperienza minima 3 anni per sistemi Unix e Windows, una buona conoscenza dei protocolli di TCP/IP e di reti LAN e WAN. Conoscenza dell'inglese e di un'altra lingua straniera (francese, spagnolo o tedesco).
Età minima 30 anni.
Offriamo: stipendio molto interessante, lavoro di responsabilità, possibilità di carriera in Italia e all'estero.
Inviare CV via fax: 024562233
o E-mail: staff@zani.it

CIVILTÀ»

15. Abbina i mestieri alle foto.

1

2

3

4

5

6

7

- ☐ pizzaiolo
- ☐ responsabile di sistemi informatici
- ☐ gondoliere
- ☐ contadino
- ☐ operaio
- ☐ impiegata
- ☐ guida turistica

16. Adesso prova a completare la tabella, inserendo nel settore corretto il lavoro dei tuoi familiari.

agricoltura	....
industria	....
servizi	....
trasporti e comunicazioni	....
commercio, alberghi e ristoranti	....

PERCORSO 4 › LA FAMIGLIA

LEZIONE 1 GLOBALITÀ

1. A coppie, guardate le immagini. Secondo voi, di cosa parlano i due ragazzi?

2. CD 1 - tr. 30 Ascolta la telefonata e completa il dialogo.

Claudio: Pronto...?
Anne: Pronto, posso parlare con Claudio, per favore?
Claudio: ....?
Anne: Sono Anne.
Claudio: ....?
Anne: Bene e tu?
Claudio: ....?
Anne: Per il momento molto bene. Comincia domani!
Claudio: ....?
Anne: Non lo so...
Claudio: ....?
Anne: Va bene. Cucini tu?
Claudio: ....

3. Confronta il tuo dialogo con quello di un compagno.

4. CD 1 - tr. 31 Ora, ascolta nuovamente la telefonata e controlla il dialogo.

5. Secondo te chi sono queste persone per Claudio?

Ugo
....

Anna
....

Marcello
....

Carlo
....

Giuseppina
....

Cluadio
figlio / fratello

Simona
....

Alba

Marcello

Vittorio

- Alba è la nonna di Vittorio.
- Vittorio è il nipote di Alba.
- Marcello è lo zio di Vittorio.
- Vittorio è il nipote di Marcello.

Osserva: ***nipote*** in italiano va bene sia per nonni che per zii ed è sia maschile che femminile.

madre padre figlio figlia fratello sorella marito moglie nonno nonna zio

6. Completa la tabella con i nomi del riquadro, secondo l'articolo determinativo.

Alla scoperta della lingua

figlio figlia nonni padre sorella madre nonno fratello genitori moglie marito

il	padre	....	....	....	....	....
la	....	....	....	....	....	....
i	....	....	....	....	....	....
le	....	....	....	....	....	....

7. Insieme a un compagno, a turno parlate delle relazioni nella famiglia di Claudio.

Esempio: Carlo/Claudio — Carlo è il padre di Claudio.

Claudio/Giuseppina
Claudio/Simona
Simona/Carlo
Simona/Claudio
Giuseppina/Simona
Ugo/Simona
Anna/Claudio
Carlo/Giuseppina
Ugo e Anna/Claudio
Giuseppina/Carlo
Carlo, Giuseppina/Claudio, Simona

LEZIONE 1 ANALISI

1. Completa gli schemi con nomi relativi alla famiglia.

maschi

femmine

2. Completa la tabella.

padre	madre
....	figlia
fratello	....
zio	....
nonno	....
....	moglie
cugino	....

› articoli determinativi singolari e plurali

maschile	singolare	plurale
davanti a una consonante	**il** telefono	**i** telefoni
davanti a S + consonante, Z, PS, GN, X	**lo** studente	**gli** studenti
davanti a una vocale	**l'**ufficio	**gli** uffici

femminile	singolare	plurale
davanti a una consonante	**la** casa	**le** case
davanti a una vocale	**l'**amica	**le** amiche

3. Abbina gli articoli ai nomi.

1	il	**a**	via	[...... / ......]
2	la	**b**	acqua	[...... / ......]
3	l'	**c**	padre	[...... / ......]
4	il	**d**	insegnante	[...... / ......]
5	la	**e**	nome	[...... / ......]
6	lo	**f**	città	[...... / ......]
7	l'	**g**	zio	[...... / ......]
8	lo	**h**	psicologo	[...... / ......]
9	l'	**i**	studente	[...... / ......]
10	lo	**l**	indirizzo	[...... / ......]
11	l'	**m**	aeroporto	[...... / ......]

4. Metti al plurale i nomi dell'esercizio 3 e aggiungi l'articolo determinativo.

1 ..... vi......
2 ..... acqu......
3 ..... padr......
4 ..... insegnant......
5 ..... nom......
6 ..... citt......
7 ..... zi......
8 ..... psicolog......
9 ..... student......
10 ..... indirizz......
11 ..... aeroport......

5. Completa con l'articolo determinativo.

1 .... madre
2 .... meccanico
3 .... numero di telefono
4 .... padre
5 .... psicologo
6 .... studente
7 .... via
8 .... zio

6. Metti al plurale i nomi dell'esercizio 5 e aggiungi gli articoli.

1 .... madr.....
2 .... meccanic.....
3 .... numer.... di telefono
4 .... padr.....
5 .... psicolog.....
6 .... student.....
7 .... vi.....
8 .... zi.....

7. Abbina le figure ai nomi.

....

....

....
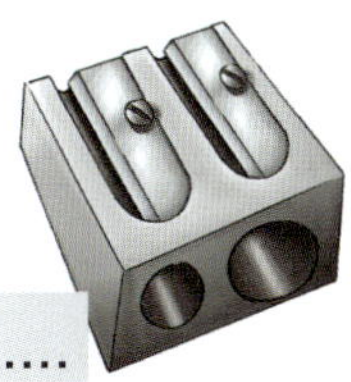
....

....

....

....
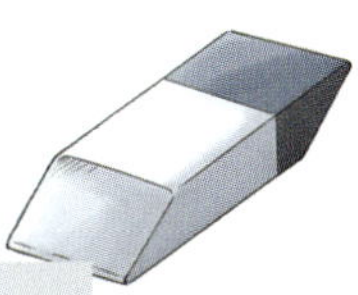
....

....

1 quaderno
2 libro
3 diario
4 matita
5 penna
6 gomma
7 temperamatite
8 riga
9 banco

8. Insieme a un compagno, a turno chiedete e dite di chi sono gli oggetti nelle figure.

Lo studente A va a pag. 189,
lo studente B a pag. 191.

Esempio: A: Di chi è / sono...?
B: È / sono di ...

»verbi irregolari

potere - indicativo presente	
	Posso andare in bagno?
	Puoi ripetere?
	Può passarmi l'acqua per favore?
Stasera	**possiamo** andare al cinema.
	Potete fare silenzio?
Gli studenti	**possono** andare a casa.

9. Completa le frasi con *potere* o *sapere*.

1 Luca, ...puoi.............. fare silenzio?
2 Signora Ferri, lei .... l'inglese?
3 Scusi, ... ripetere, per favore?
4 Giovanni e Franco non .... nuotare.
5 Mamma, ... andare al cinema stasera?
6 Io non .... guidare un camion grande. È troppo difficile.
7 Scusi Professoressa: Claudio, Rita e io .... andare a casa?
8 Scusa, ... dov'è Piazza Cavour, per favore?

volere - indicativo presente

	Voglio fare un corso di italiano.
	Vuoi venire a cena a casa mia domani sera?
Luca	**vuole** comprare una macchina nuova.
Quest'estate	**vogliamo** andare in Francia.
	Volete venire con noi a Parigi?
Juan e Claudia	**vogliono** trovare un lavoro in Italia.

andare - indicativo presente

	Vado a casa.
	Vai in Francia con i tuoi amici?
	Va all'università?
	Andiamo in Piazza Garibaldi?
	Andate in vacanza in agosto?
I miei fratelli	**vanno** a Firenze in macchina.

- Osserva: ***andare a/in***
  - Andiamo **a** Bologna / **a** casa / **a** scuola.
  - Andiamo **in** Francia / **in** Umbria / **in** America.

10. Completa il dialogo con *andare* o *volere*.

- Fernanda e Sara .... al cinema questa sera.
- Claudia ed io .... andare a mangiare una pizza. .... venire con noi?
- No, mi dispiace, ... in piscina con Luigi e poi .... tornare a casa presto per vedere la finale della Champion's League.
- Sempre il calcio! Voi uomini, veramente non .... imparare a vivere!

- Andare **a** mangiare un gelato.

11. Metti in ordine le frasi.

1 cambiare Marina lavoro vuole.
....
2 Lucia felici. vogliono sono e non insieme Giacomo divorziare.
....
....
3 Puoi sento per favore? Non ripetere bene.
....
4 Nino puoi a vuole festa chiedere se alla venire di Luca domani?
....
....
5 Sai bread italiano si dice come in?
....
6 Voi giapponese sapete il?
....
7 Di solito macchina a lavorare in vai o autobus in?
....
....
8 Quest'anno vanno dove amici vacanza i in tuoi?
....
....

LEZIONE 1 SINTESI

1. **Completa l'albero genealogico di Silvia con le parole del riquadro.**

nonna nonno zio zia fratello sorella padre madre marito figlio figlia genitori

2. **Scrivi due nomi di persone della famiglia (figlio, nonno, padre, ecc.) su due pezzi di carta. Poi, attacca uno dei tuoi nomi sulla schiena di un compagno che fa la stessa cosa con te. A turno, fate delle domande per indovinare chi siete. Vince chi indovina con meno domande.**

LEZIONE 2 GLOBALITÀ »»

1. Secondo te, com'è la famiglia di Claudio? Scrivi un paio di frasi su questo argomento; poi confrontale con un compagno.

2. CD 1 - tr. 32 **Ascolta il dialogo e completa gli spazi vuoti.**

Anne: Posso entrare?
Claudio: Dai! Entra!... Anne ti presento i miei ....
Mia ...., Giuseppina e questo
è mio ...., Carlo.
Anne: Piacere. Come siete giovani!
Carlo: Grazie, ma non è vero. Io ho 48 anni
e mia .... 45.
Claudio: E quella è mia ...., Simona.
Anne: Ciao Simona, piacere!....
Carlo: Forza, andiamo a tavola. È ora di mangiare.
Anne: Scusate, vorrei lavarmi le mani. Dov'è il bagno per favore?
Carlo: È la prima porta a sinistra.

Il cubo grande è a sinistra.
Il cubo piccolo è a destra.

3. CD 1 - tr. 33 **Ascolta nuovamente il dialogo e controlla. le tue risposte.**

Alla scoperta della lingua

maschile		**femminile**	
singolare	**plurale (irregolari!)**	**singolare**	**plurale**
mi.......	*miei*	mi.......	mi.......
tu.......	*tuoi*	tu.......	tu........
su.......	*suoi*	su.......	su........

4. CD 1 - tr. 34 **Completa la tabella e poi ascolta e ripeti i numeri.**

21	ventuno	**27**	....	**40**	quaranta	**60**	sessanta	**80**	ottanta
22	ventidue	**28**	....	**41**	....	**61**	....	**81**	....
23	ventitré	**29**	....	**42**	....	**62**	....	**82**	....
24	....	**30**	trenta	**50**	cinquanta	**70**	settanta	**90**	novanta
25	....	**31**	....	**51**	....	**71**	....		
26	....	**32**	....	**52**	....	**72**	....		

5. CD 1 - tr. 35 **Scrivi i numeri che senti.**

6. Correggi gli errori dove necessario.

34 trentadue ....

51 cinquantuno ....

95 novantaquattro ....

44 quarantasei ....

78 settantotto ....

58 cinquantasette ....

62 sessantasei ....

7. Insieme a un compagno, a turno fate domande e date risposte sulle vostre famiglie.

8. Ora, scrivete le domande dell'attività precedente.

LEZIONE 2 ANALISI

L'aggettivo dimostrativo *questo*

singolare	
maschile	
davanti a consonante	*davanti a vocale*
questo libro	**quest'**amico
femminile	
davanti a consonante	*davanti a vocale*
questa penna	**quest'**amica

plurale
maschile
questi libri / amici
femminile
queste penne / amiche

Quello: vedi Percorso 6.

Preposizione ***di***:
- **Di** chi è questo libro?
- È **di** Paolo.

I possessivi per le persone singolari (*io, tu, lui/lei*)

maschile	singolare	plurale
I persona	**mio**	**miei**
II persona	**tuo**	**tuoi**
III persona	**suo**	**suoi**

femminile	singolare	plurale
I persona	**mia**	**mie**
II persona	**tua**	**tue**
III persona	**sua**	**sue**

- Solitamente i possessivi sono preceduti dall'articolo determinativo, ma non quando ci sono nomi che indicano la famiglia (*padre*, *madre*, ecc.) al singolare.
- **Osserva:**

È la parola "cane" che determina l'aggettivo (maschile), non le parole "Paolo" o "Luisa".

1. Rispondi alle domande usando l'aggettivo possessivo.

1 - Di chi è questa casa? È di Marta?
- Sì, è la sua casa..............................
2 - Di chi è questa macchina? È di Abel?
- No, ...
3 - Di chi sono questi quaderni? Sono di Sandro?
- Sì, ...
4 - Di chi sono queste penne? Sono di Cristina?
- No, ...

2. Completa le frasi con il possessivo.

1 Domani .... sorella va in vacanza a Rimini.
2 Alida è bassa e grassa. .... figlio è alto e magro.
3 Domani vado all'aeroporto a prendere .... cugina che vive a Chicago.
4 Carlo è molto simpatico e la .... amica è molto carina.
5 Abel è contento perché è pronto il .... nuovo quadro.
6 Scusa Antonio, dov'è .... sorella?
7 Sono contento del .... nuovo libro.
8 Tu sei una madre meravigliosa e .... figlio è un bambino molto intelligente.

3. Metti le frasi al plurale. Trasforma le parole in corsivo.

1 Domani .... *sorella* va in vacanza a Rimini.
....
....
2 Alida è bassa e grassa. .... *figlio* è alto e magro.
....
....
3 Domani vado all'aeroporto a prendere .... *cugina* che vive a Chicago.
....
....
4 Carlo è molto simpatico e la .... *amica* è molto carina.
....
....
5 Abel è contento perché è pronto il .... nuovo *quadro*.
....
....
6 Scusa Antonio, dov'è .... *sorella*?
....
....
7 Sono contento del .... nuovo *libro*.
....
....
8 Tu sei una madre meravigliosa e .... *figlio* è un bambino molto intelligente.
....
....

4. Metti l'aggettivo possessivo e l'articolo determinativo dove necessario.

1 Questa è ....la mia.......... casa. *(io)*
2 .... genitori sono inglesi. *(di Megan)*
3 .... padre è molto giovane. *(tu)*
4 .... passaporto è sul tavolo. *(io)*
5 Dov'è .... ufficio? *(tu)*
.... ufficio è in Via Veneto. *(io)*
6 .... nonni sono molto vecchi. *(di Fabrizia)*

LEZIONE 2 SINTESI

Strategie di apprendimento

Immaginare il contenuto di un testo, prima di leggerlo o ascoltarlo, ad esempio con l'aiuto delle figure, può favorire la comprensione.

1. Guarda le fotografie e rispondi alle domande.

Dove sono le persone nelle foto?

....

Chi sono?

....

Quanti anni hanno?

....

Che lavoro fanno?

....

Di dove sono?

....

2. A coppie, confrontate le vostre risposte.

3. CD 1 - tr. 36 **Ora, ascolta la registrazione e controlla le tue risposte.**

LEZIONE 3 GLOBALITÀ »

1. **Quali frasi ti puoi aspettare quando sei al telefono? Sottolinea in nero quelle che sicuramente puoi sentire al telefono e in rosso quelle che sicuramente non vanno bene al telefono.**

1 Ciao, come stai?
2 Piacere!
3 Questa è mia sorella.
4 Via Garibaldi è la prima strada a destra.
Ah, no, scusa, è la seconda a sinistra.
5 Pronto?
6 Può parlare più forte, per favore?
7 Posso entrare?

2. **Ora, confronta le tue scelte con quelle di un compagno e spiegate perché alcune frasi forse possono andare bene.**

3. **Metti in ordine la telefonata.**

1 - Silvia non c'è; è all'università.
2 - Certamente!
3 - Pronto?
4 - Grazie. Arrivederci.
5 - Prego. Ciao.
6 - Sono Paolo, sono in Tunisia. Telefono domani mattina.
7 - Pronto? Sono Paolo. C'è Silvia, per favore?
8 - Va bene.
9 - Come? Non sento bene! Può parlare più forte?
10 - No, è all'università.
11 - Posso lasciare un messaggio?

a	b	c	d	e	f	g	h	i	l	m
......	......	......	......	......	......	......	......	......	......	......

4. CD **1** - tr. **37** **Ascolta la telefonata e controlla l'ordine dell'esercizio 3.**

5. **Lavora con un compagno. Fate una conversazione telefonica come questa.**

6. **Cosa dici al telefono...**

a quando rispondi? Pronto?..............................
b quando telefoni e dici chi sei? ....
c per parlare con una persona? ....
d per lasciare un messaggio? ....
e quando non senti bene? ....
f per finire la telefonata? ....

LEZIONE 3 ANALISI

nomi in -tà

- I nomi in **-tà** sono *femminili*. Singolare e plurale sono uguali.

singolare		plurale	
femminile		**femminile**	
-**tà**	**la** citt**à**	-**tà**	le citt**à**
	la possibilit**à**		le possibilit**à**

molto con gli aggettivi

+	La tua casa è bella.
+ +	La tua casa è **molto** bella.
–	Questo libro è brutto.
– –	Questo libro è **molto** brutto.

Osserva:

- ***molto*** seguito da aggettivo non cambia mai.

1. Metti l'aggettivo contrario.

1 La mia città è molto bella.
La mia città è molto brutta.
2 Giuseppe è molto vecchio.
....
3 I tuoi genitori sono molto magri.
....
4 Alghero è una città molto grande.
....
5 Questo esercizio è molto facile.
....
6 La tua amica è molto alta.
....

voi come plurale di *Lei*

Signora Martínez, **lei** è argentina?

Signora Martínez e Signor López, **voi** siete argentini?

- Il plurale di ***Lei*** (di cortesia) è ***voi***.

2. Metti le frasi al plurale.

1 Scusi, dov'è la stazione, per favore?
Scusate, dov'è la stazione, per favore?
2 Lei è francese?
....
3 Può darmi il passaporto, per favore?
....
4 Lei lavora all'Università di Venezia?
....
5 Va spesso a lavorare in macchina?
....
6 Scusi, ha una sigaretta?
....

3. Trasforma le frasi alla forma di cortesia sia al singolare che al plurale.

1 Puoi passarmi l'acqua, per favore?
Può passarmi l'acqua, per favore? ....
Potete passarmi l'acqua, per favore? ....

2 Sai dirmi dov'è la stazione, per favore?
....
....

3 Insegni nella scuola di lingue di Matteo?
....
....

4 Scusa, hai una sigaretta?
....
....

5 Scusa, sai dirmi che ore sono?
....
....

6 Puoi ripetere, per favore?
....
....

4. Fa' delle domande ai genitori di Claudio.

1 - Come vi chiamate? ....
- Carlo e Giuseppina.

2 - ....?
- A Perugia, in Via Danti 8.

3 - ....?
- Io quasi 48 e mia moglie 45.

4 - ....?
- Io faccio l'operaio e lei è segretaria.

5 - ....?
- Due, un figlio e una figlia.

›per invitare o suggerire: *perché non...?*

5. Invita o suggerisci.

1 Maria è stanca, suggeriscile di andare a dormire.
Maria, sei stanca. Perché non vai a dormire? ....

2 Invita Maria a Napoli per Natale.
....
....

3 Suggerisci ai tuoi compagni di studiare la grammatica italiana.
....
....

4 Invita i tuoi amici a cucinare qualcosa insieme a casa tua stasera.
....
....

5 Suggerisci a Matteo e Andrea di vedere l'ultimo film di Bertolucci stasera alla televisione.
....
....
....

6 Invita Claire a sentire il concerto di Eros Ramazzotti a Milano.
....
....

LEZIONE 3 SINTESI

1. Insieme a un compagno, guarda le foto dell'attività 1 di p. 77. Come sono le persone?

2. Avete bisogno di alcuni aggettivi per descrivere le persone? Abbinate i disegni agli aggettivi del riquadro.

1 .....
2 .....
3 .....
4 .....
5 .....
6 .....
7 .....
8 .....
9 .....
10 .....

a alto **b** basso **c** magro **d** grasso **e** giovane **f** vecchio **g** bello **h** brutto **i** piccolo **l** grande

3. Come puoi tradurre la parola "carino" nella tua lingua? Cerca il significato sul dizionario.

....

....

4. Completa il dialogo.

- ....
- Pronto, sono Catia.
- ....
- Come stai?
- ....
- Anch'io sto bene, Matilde è molto carina, sai. Perché non vieni in vacanza da noi?
- ....
- Lavoro, lavoro, lavoro... Ma cosa vuoi fare nella vita? Lo sai, non sei più molto giovane e...
- ....
- Davvero hai un nuovo lavoro? Cosa fai?
- ....
- Come, scusa? Puoi ripetere? € 10.000 al mese?
- ....
- Perché non chiami la tua vecchia amica Catia a lavorare nella tua ditta...
- ....
- Va bene, ma quando torniamo in Italia, andiamo al ristorante e paghi tu!
- ....
- Ciao e a presto.

5. Con un compagno, a turno recitate i vostri dialoghi.

LEZIONE 3 CIVILTÀ »

La famiglia in Italia

patriarca

1. Osserva le immagini e collega ogni commento con l'immagine giusta.

a matrimonio civile
b matrimonio religioso
c la famiglia patriarcale
d la famiglia moderna
e convivenza

....

....

....

....

....

convivenza: vivere come marito e moglie senza essere sposati.

2. La tipologia della famiglia italiana è molto cambiata, soprattutto in questi ultimi 20 anni. Osserva lo schema che segue.

	Numero	Per 1000 abitanti	Con rito civile (%)	Con un coniuge straniero
1931	276.035	6,7	2,6	–
1951	328.225	6,9	2,4	–
1971	404.464	7,5	3,9	–
1991	312.061	5,5	17,5	–
1993	312.348	5,3	17,9	3,3
1995	290.009	5,1	20,0	4,3
1997	277.738	4,8	20,7	5,0
1999	280.330	4,9	23,0	5,9
2001	264.097	4,6	27,1	8,1
2003	273.111	4,6	29,4	10,5
2005 *(dati provvisori)*	250.968	4,3	32,4	-
2009	230.613	3,8	37,2	13,9

3. In questi ultimi anni la famiglia sembra vivere un momento di crisi. Osserva le tabelle.

Separazioni e divorzi

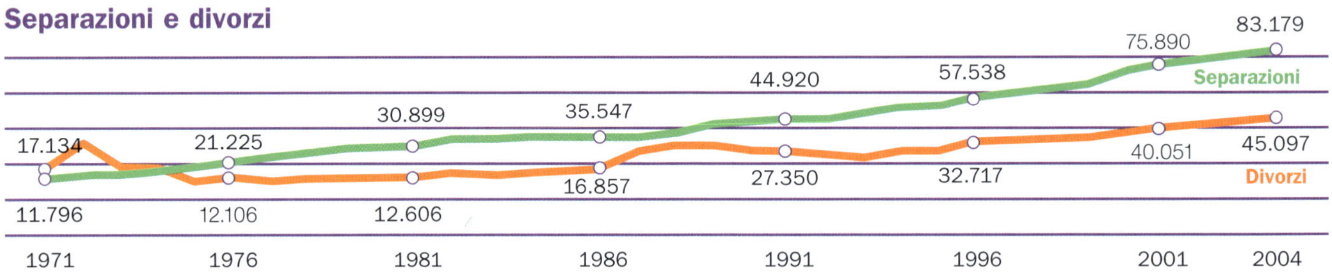

Famiglie per numero di componenti

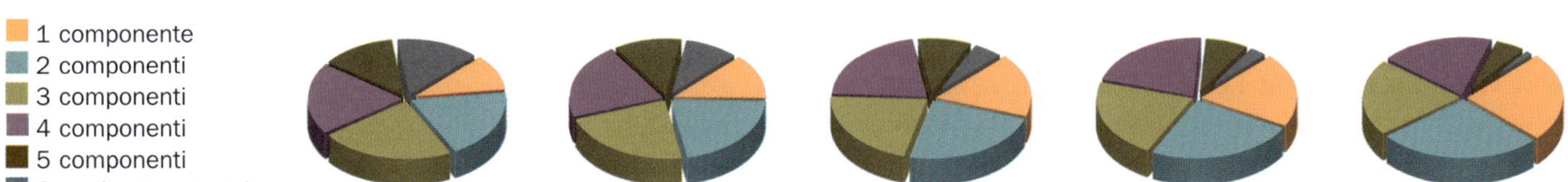

	1961	1971	1981	1991	2001
Totale (migliaia):	13.747	15.981	18.632	19.909	21.811
Num. medio di componenti:	3,6	3,3	3,0	2,8	2,6

PROGETTO

Ascolta il tuo insegnante e...

1. disegna...
2. confronta...
3. gioca...
4. porta...
5. trova...

IL MIO ALBERO GENEALOGICO

....

....

.... io ....

TEST

1 Osserva l'albero genealogico della famiglia Bellini. Quindi completa le frasi seguenti, come nell'esempio. ..... / 9

1 Paola è ...la sorella... di Gino.
2 Maria è .... di Francesco e Paola.
3 Gino è .... di Filippo.
4 Marta e Filippo sono .... di Pietro e Luisa.
5 Paola è .... di Maria.
6 Maria è .... di Gino e Caterina.
7 Caterina è .... di Maria.
8 Pietro è .... di Maria.
9 Marta e Filippo sono ....
10 Filippo è .... di Gino e Caterina.

2 Aggiungi l'articolo determinativo. ..... / 15

.... telefono
.... ufficio
.... nome
.... acqua
.... studenti
.... amico
.... città (*sing.*)
.... uffici
.... insegnante
.... insegnanti (*femm.*)
.... casa
.... amica
.... studente
.... città (*plur.*)
.... insegnanti (*masch.*)

3 Aggiungi l'aggettivo dimostrativo *questo*. ..... / 12

.... libro	.... ragazzo	.... penna
.... penne	.... città (*sing.*)	.... amica
.... nome	.... uffici	.... studente
.... studenti	.... insegnanti (*femm.*)	.... insegnanti (*masch.*)

4 Aggiungi il possessivo indicato in verde; prima del possessivo devi mettere anche l'articolo. ..... / 17

mio	➔ ...la... ...mia... casa	➔ .... libri	➔ .... amiche
tuo	➔ .... amico	➔ .... quaderno	➔ .... cognome
suo	➔ .... gomma	➔ .... telefono	➔ .... città
nostro	➔ .... banchi	➔ .... amici	➔ .... gomme
vostro	➔ .... penne	➔ .... insegnanti	➔ .... amici
loro	➔ .... classe	➔ .... nomi	➔ .... matite

5 Abbina le frasi della colonna di sinistra a quelle della colonna di destra. ..... / 5

1 Grazie Luisa, a presto.
2 Scusi, dov'è il bagno?
3 Ecco il suo documento.
4 Posso entrare?
5 Posso vedere la camera?
6 Buongiorno, c'è Marta?

a In fondo, la prima porta a sinistra.
b Sì, un momento, viene subito.
c Figurati, grazie a te. Ciao.
d Certo, al terzo piano la prima porta a destra.
e Certamente, prego.
f Grazie, arrivederci.

1	....	4	....
2	....	5	d
3	....	6	....

6 In questo dialogo ci sono otto errori. Trovali e scrivi nello spazio a fianco la forma corretta, come nell'esempio. ..... / 7

- *Francesca*: Pronto Luisa?
- *Luisa*: ***Che*** parla?
- *Francesca*: Sono Francesca...
- *Luisa*: Francesca, che sorpresa! Sono a Venezia?
- *Francesca*: Sì, in queste giorni sono a Venezia. Poi, la settimana prossima, vado in Londra e poi a Brasile.
- *Luisa*: Certo che tu con questa lavoro di hostess sei sempre in giro. Senti, quando ci vediamo?
- *Francesca*: Questa sera non puoi. Sono a cena con i miei genitori. Sai, non li vedo mai...
- *Luisa*: Perché non ci vediamo domani a pranzo?
- *Francesca*: D'accordo. Va bene a mezzogiorno alla Taverna San Trovaso?
- *Luisa*: Benissimo, a domani. Ciao.
- *Francesca*: Buongiorno.

1 Chi
2 ....
3 ....
4 ....
5 ....
6 ....
7 ....
8 ....

Totale: ..... / 65

REVISIONE & AMPLIAMENTO »

FUNZIONI »

1. Completa il dialogo.

- ....
- Pronto, sono Pierre.
- ....
- Come stai?
- ....
- Anch'io sto bene. Cosa fai in questo periodo?
- ....
- Russo? Ma è molto difficile! Io lavoro in un supermercato tre giorni alla settimana e continuo a studiare all'università. Cosa fai questa sera?
- ....
- Come scusa, puoi ripetere?
- ....
- Ah, perché non andiamo al cinema uno di questi giorni?
- ....
- Bene, ti telefono domani allora! Ciao e grazie.

2. Metti in ordine il dialogo.

Anne

.... - Ciao Simona, piacere!.... Scusate, vorrei lavarmi le mani. Dov'è il bagno, per favore?

.... - Posso entrare?

.... - Piacere. Come siete giovani!

Claudio

.... - E quella è mia sorella, Simona.

.... - Prego! Entra!... Anne ti presento i miei genitori. Mia madre, Giuseppina e questo è mio padre, Carlo.

Carlo

.... - È la prima porta a sinistra.

.... - Grazie, ma non è vero. Io ho 48 anni e mia moglie 45.

LESSICO»

3. Scrivi almeno 16 parole di cose che ci sono nella tua classe.

- ....
- ....
- ....
- ....
- ....
- ....
- ....
- ....
- ....
- ....

4. Elimina la parola che non va bene.

1 andare, ristorante, cinema, teatro
2 casa, scuola, penna, studente
3 zio, moglie, città, matita
4 bello, certamente, alto, suo
5 faccio, so, ho, vai
6 infermiere, impiegato, medico, malato

5. Sammy ha qualche problema con la famiglia! Correggi le sue frasi.

1 Mia madre si chiama Aldo.
2 Mia nonna Giorgia ha 15 anni.
3 Mio fratello aspetta un bambino, è incinta di quattro mesi.
4 Mio figlio ha 92 anni.
5 Mio marito si chiama Anna.
6 Mio nonno sta facendo il servizio militare.

6. La staffetta. Ogni parola "rincorre" le altre secondo questo testo:

"Quando avevo vent'anni mi sono innamorato di una ...., poi ci siamo sposati e siamo diventati .... e .... Alcuni anni dopo è arrivata una ...., che vent'anni dopo ci ha dato dei ...., e così siamo diventati ....! La vita è proprio una ruota..."

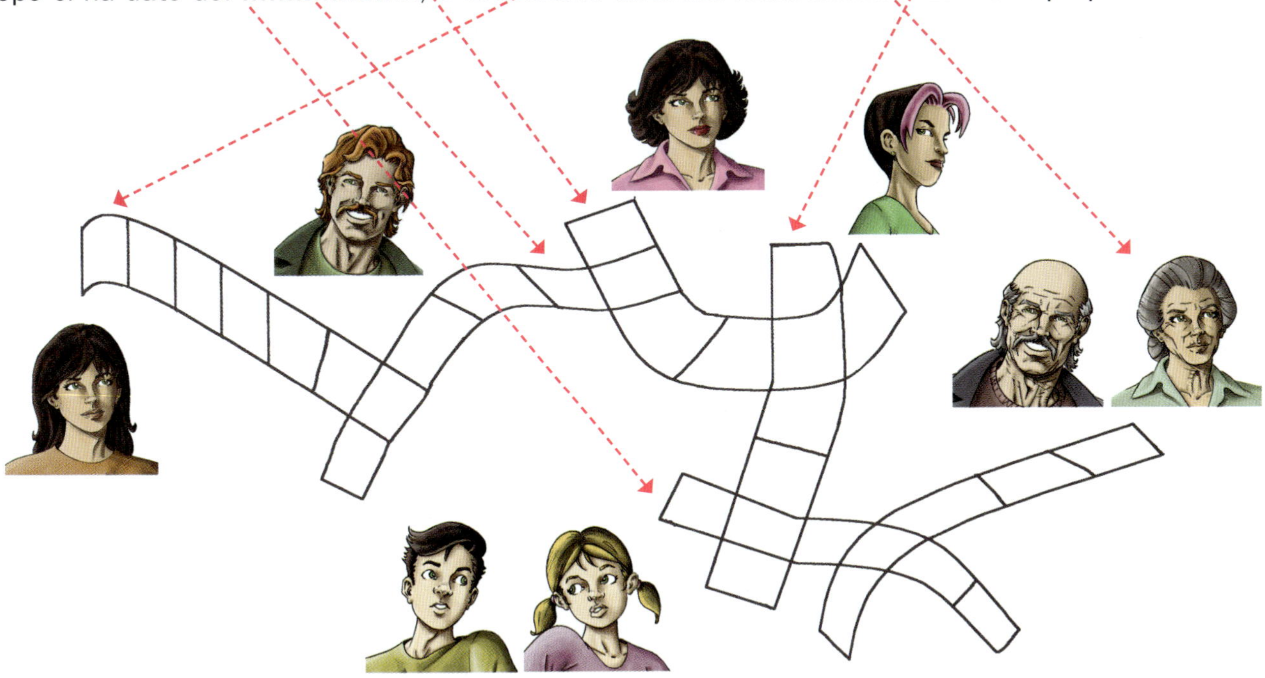

RIFLESSIONE GRAMMATICALE»

7. Completa con l'articolo determinativo.

1 ....l'..... acqua
2 .... aeroporto
3 .... amica
4 .... commessa
5 .... esperienza
6 .... età
7 .... francobollo
8 .... idraulico
9 .... indirizzo
10 .... insegnante
11 .... libertà
12 .... lingua straniera
13 .... madre
14 .... meccanico
15 .... numero di telefono
16 .... padre
17 .... psicologo
18 .... studio
19 .... via
20 .... zio

8. Metti al plurale i nomi dell'esercizio 7 e aggiungi gli articoli.

1 ....le..... acqu..e..
2 .... aeroport.....
3 .... amic.....
4 .... commess.....
5 .... esperienz.....
6 .... et.....
7 .... francoboll.....
8 .... idraulic.....
9 .... indirizz.....
10 .... insegnant.....
11 .... libert.....
12 .... lingu..... stranier.....
13 .... madr.....
14 .... meccanic.....
15 .... numer..... di telefon.....
16 .... padr.....
17 .... psicolog.....
18 .... studi.....
19 .... vi.....
20 .... zi.....

9. Inserisci l'articolo determinativo dove necessario.

Mia famiglia è molto numerosa. Ho due fratelli e una sorella. Sono tutti sposati e hanno figli. Mia madre è in pensione e passa suo tempo con Alice, figlia di mio fratello Giovanni. Alice è una bambina molto carina, sempre felice: ha solo un anno e mezzo. Da quando c'è lei vita della famiglia è diversa: è molto più bello andare a mangiare insieme in una pizzeria o andare a cena a casa di mia madre.

10. Forma delle frasi mettendo un verbo dal riquadro.

essere sapere potere andare fare andare

1 Di/dove/casa/Franco e Luisa/la? ....
2 Passarmi/per/acqua/favore/l'? ....
3 Michela/molto/inglese/non/bene/l'. ....
4 Stasera/moglie/mangiare/pizza/una/con/a/mia. ....
5 Voi/a lavorare/in macchina/in/o/treno? ....
6 Tuo/medico/padre/il? ....

11. Completa le frasi con il verbo tra parentesi.

1 Matteo non .... (*sapere*) il francese.
2 Franco, ... (*potere*) darmi il tuo indirizzo?
3 Nadia, a che ora .... (*andare*) a casa oggi?
4 Scusi, Signore, ... (*sapere*) dov'è la stazione?
5 Io non .... (*sapere*) nuotare molto bene.
6 Scusi Professore, ... (*potere*) andare in bagno?

12. Metti le frasi dell'esercizio 11 al plurale.

1 Matteo e Chiara non .... (*sapere*) il francese.
2 Franco e Giuseppe, ... (*potere*) darmi il .... indirizzo?
3 Nadia e Pietro, a che ora .... (*andare*) a casa oggi?
4 Scusate, Signori, ... (*sapere*) dov'è la stazione?
5 Noi non .... (*sapere*) nuotare molto bene.
6 Scusate Professori, ... (*potere*) andare in bagno?

13. Completa il cruciverba con i verbi del riquadro. Attenzione! Devi coniugarli.

cominciare potere (x2)
stare venire parlare
andare cucinare

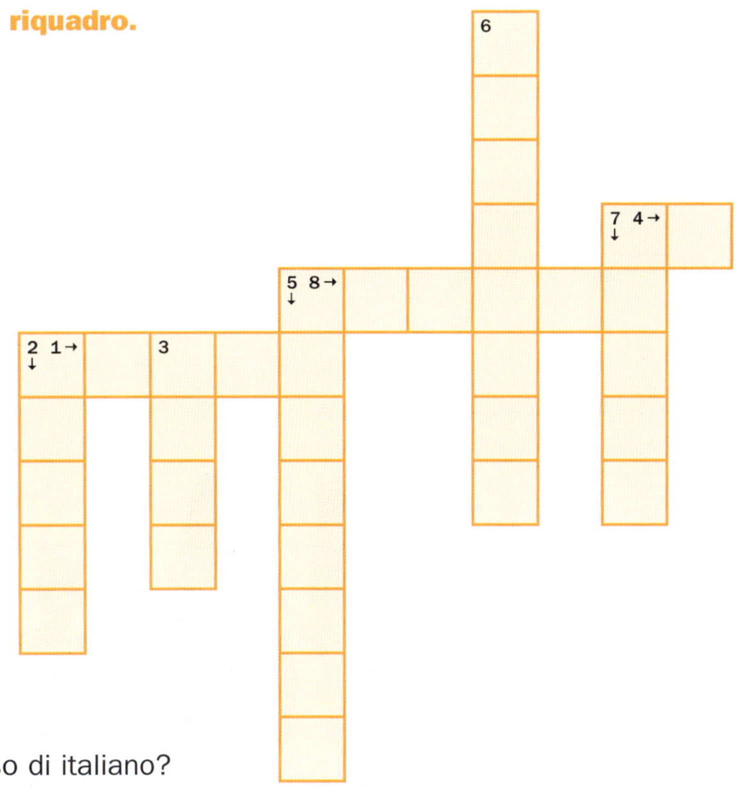

Claudio: Pronto?
Anne: Pronto, ...**1**..... parlare con Claudio, per favore?
Claudio: Sono io. Chi .....**2**..... ?
Anne: Sono Anne.
Claudio: Anne? Ciao, come .....**3**..... ?
Anne: Bene e tu?
Claudio: Bene, grazie. Come .....**4**..... il corso di italiano?
Anne: Per il momento molto bene. .....**5**..... domani!
Claudio: Senti, ...**6**..... fare qualcosa insieme?
Anne: Non lo so....
Claudio: Perché non .....**7**..... a cena a casa mia domani sera?
Anne: Va bene. .....**8**..... tu?
Claudio: Tranquilla! Cucina mia madre.

SCRIVERE»

14. **Scrivi alcune frasi sulla tua famiglia.**

LETTURA»

15. Genitori e figli. Leggi e abbina i commenti alle foto.

1

2

3

4

A ......

Vivo con mio padre, la sua nuova moglie, il mio nuovo fratellino, Lorenzo. Mi piace abbastanza la scuola. Sì, ho un ragazzo da due anni, mio padre non lo sa, parlo più volentieri con la mamma, vado a casa sua quasi ogni giorno. Angela è simpatica, anche se non è mia madre, siamo abbastanza amiche e Lorenzo è una peste ma gli voglio bene...

C ......

I miei genitori sono OK, mia madre lavora tanto e non è quasi mai a casa, mio padre invece lavora spesso a casa. Così, devo andare dagli amici per essere più libero e fare con loro quello che voglio. Con mio padre, comunque, va abbastanza bene, la domenica andiamo insieme allo stadio, io tifo Juventus, lui Inter! Detto tra noi, lui non capisce niente di calcio!

B ......

Mia figlia ha diciotto anni e frequenta l'ultimo anno del Liceo Scientifico. A scuola va abbastanza bene ma il suo vero hobby è l'aerobica. Forse ha un ragazzo, ma non sono sicuro, non c'è molto dialogo tra noi. No, non sente la mancanza di sua madre, comunque si vedono spesso, quasi ogni giorno. Va abbastanza d'accordo con il suo nuovo fratellino che ha cinque anni e il rapporto con Angela, mia moglie, è abbastanza buono.

D ......

Nostro figlio si chiama Matteo e ha 12 anni. Matteo vive un periodo difficile e io e mio marito cerchiamo di passare molto tempo con lui, ma non è sempre facile: a questa età sono più importanti gli amici, il calcio, la musica... Io lavoro in un'azienda di import-export e sono fuori casa quasi tutto il giorno, per fortuna mio marito è giornalista e spesso lavora a casa, così può seguire Matteo: vanno insieme allo stadio quasi ogni domenica, così io mi posso dedicare alle mie letture preferite...

PERCORSO 5 › LA CASA

LEZIONE 1 GLOBALITÀ ›››

1. Conosci i nomi delle stanze? Prova a scriverli.

....

....

....

....

cucina camera da letto bagno soggiorno

2. E i nomi dei vari oggetti? Abbina le immagini alle parole del riquadro.

1 ....
2 ....
3 ....
4 ....
5 ....
6 ....
7 ....
8 ....
9 ....
10 ....
11 ....
12 ....
13 ....
14 ....
15 ....
16 ....
17 ....

finestra letto lavandino divano
sedia cucina libreria bidè
specchio armadio lampadario
water poltrona quadro
doccia e vasca frigorifero tavolo

3. CD 1 - tr. 38 Ascolta la telefonata e rispondi alle domande.

1 Perché Anne telefona a Claudio? ....
2 Con chi abita Anne? ....
3 Dov'è la sua nuova casa? ....
4 Ha il telefono? ....
5 Quando arriva l'altro studente? ....

4. Leggi la prima parte dell'e-mail di Anne e completa la piantina del suo appartamento.

a: Gabriela
da: Anne
oggetto: Saluti da Perugia

Cara Gabriela,
Come va? Io sto bene.
Abito con una famiglia molto simpatica e ho una stanza tutta per me.
Abito in un appartamento **nel** centro di Perugia.
Sono molto contenta!
Quando entri in casa c'è subito il soggiorno, a destra della porta d'ingresso c'è la cucina, poi c'è la porta del corridoio, proprio di fronte alla porta d'ingresso. Dietro la porta del corridoio a sinistra c'è il bagno.
Di fianco al bagno c'è la camera di Luca, il figlio, e di fronte c'è la camera da letto grande dei suoi genitori. Vicino alla camera di Luca c'è la mia.
Ci sono anche due balconi; uno nel soggiorno e uno in cucina.

Alla scoperta della lingua

Capisci questa parola?
C'è la preposizione ☐ di ☐ in
e l'articolo ☐ il ☐ la
Ci sono altre parole simili nella lettera di Anne?

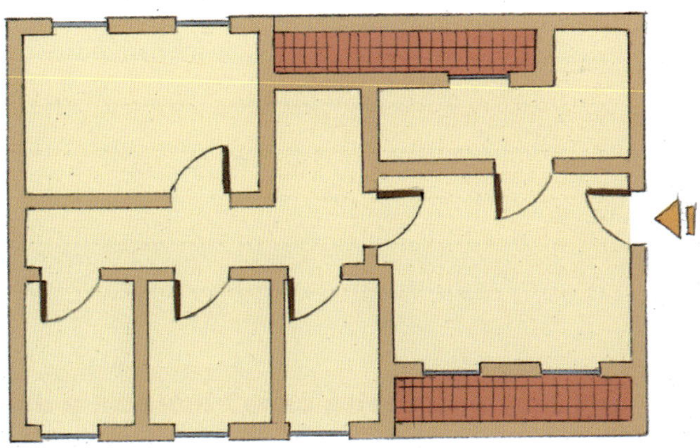

5. **Leggi la seconda parte dell'e-mail di Anne. Qual è la sua camera?**

da: Anne
oggetto: Saluti da Perugia

Nella mia stanza non ci sono molte cose.
Dietro la porta c'è una poltrona, di fronte alla porta c'è la finestra e vicino alla finestra un piccolo tavolo con una sedia.

A destra della porta c'è il letto e di fianco al letto l'armadio. Ho anche una piccola libreria tra il tavolo e il letto. Il letto è molto alto e abbastanza comodo. Sotto il letto c'è spazio per le mie valigie, per fortuna!

Ora ti saluto, è molto tardi.
Telefona da Roma in ottobre quando arrivi.

Un bacio a Matteo e un abbraccio forte a te.

A presto
Anne

1

2

3

6. **Scrivi la descrizione della tua camera da letto. Usa il dizionario per le parole che non conosci.**

....
....
....
....
....
....

7. **Com'è la vostra casa? Insieme a un compagno, a turno descrivete la vostra casa.**

LEZIONE 1 ANALISI

1. Osserva le immagini.

il soffitto

la parete

il pavimento

il tetto

2. Osserva le foto degli elettrodomestici. C'è un errore. Correggilo.

televisione
....

forno
....

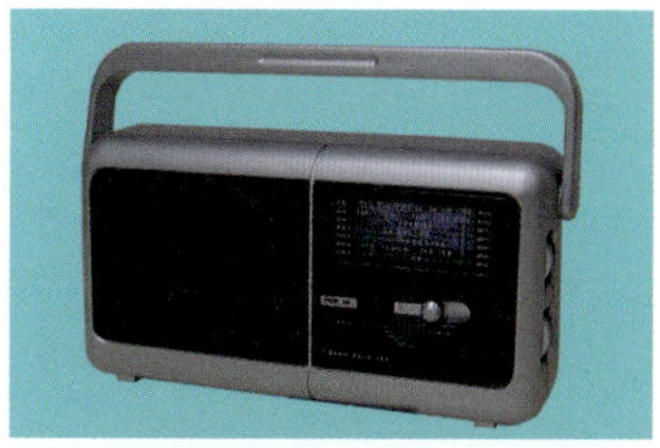

radio
....

videoregistratore
....

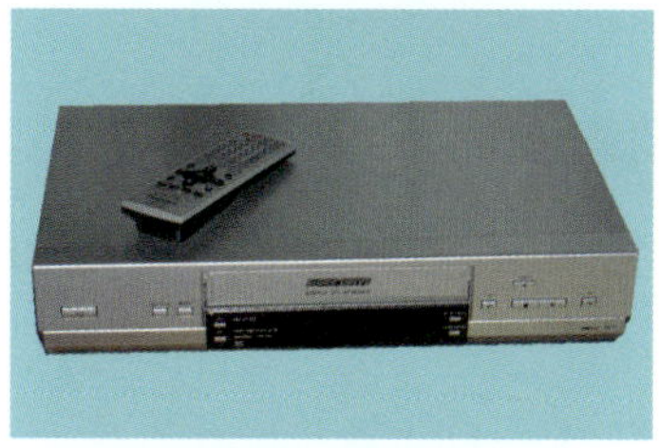

stereo
....

3. Elimina la parola che non c'entra.

1 casa • appartamento • condominio • ~~tetto~~
2 bidè • water • letto • lavandino
3 divano • porta • poltrona • libreria
4 tappeto • specchio • doccia • tavolo
5 sedia • cucina • frigorifero • armadio

› preposizioni articolate

	il	lo	l'	la	i	gli	le
a	al	allo	all'	alla	ai	agli	alle
da	dal	dallo	dall'	dalla	dai	dagli	dalle
di	del	dello	dell'	della	dei	degli	delle
nel	nel	nello	nell'	nella	nei	negli	nelle
su	sul	sullo	sull'	sulla	sui	sugli	sulle

4. Metti la preposizione articolata.

1 .... armadio (in)
2 .... negozio (in)
3 .... autobus (su)
4 .... giornalaio (da)
5 .... camera da letto (in)
6 .... cinema (a)
7 .... finestra (su)
8 .... bambina (di)
9 .... insegnanti (di)
10 .... appartamento (in)

Preposizioni articolate = ***di, a, da, in, su*** + articolo determinativo.

5. Rispondi alle domande. Usa le preposizioni articolate dove necessario.

1 - Dov'è il libro?
- Sul.................. tavolo.
2 - Di chi è questa macchina?
- .... sorella .... Claudio.
3 - Da dove vieni?
- .... Stati Uniti,
.... New York.
4 - Dove abitate?
- .... centro .... Milano.
5 - Dove sono le valigie?
- .... letto.
6 - Di chi è quest'ufficio?
- .... idraulico ....
Ditta *Subito da te!*

6. Metti le preposizioni articolate e poi forma il plurale.

1 su .... albero
....
2 da .... amico di Franco
....
3 su .... sedia
....
4 di .... insegnante
....
5 su .... parete
....
6 in .... armadio
....
7 su .... giornale
....
8 in .... appartamento
....

›indicazioni di luogo

vicino

di fianco

davanti

di fronte

dietro

su

sotto

tra

vicino di fianco davanti di fronte	***alla*** cassa

sulle sedie

sotto dietro tra / fra	***le*** sedie

7. Scegli l'indicazione di luogo corretta.

1

a vicino
b di fianco
c davanti
d di fronte

2

a sotto
b dietro
c su
d di fianco

3

a tra
b vicino
c davanti
d dietro

4

a su
b sotto
c tra
d di fronte

5

a di fianco
b davanti
c dietro
d di fronte

6

a su
b sotto
c tra
d di fianco

7

a di fronte
b dietro
c su
d sotto

8

a vicino
b davanti
c tra
d dietro

8. Scegli l'indicazione di luogo corretta.

a Dietro la casa c'è una pianta.
b Davanti alla casa c'è una pianta.
c A sinistra della casa c'è una pianta.

a Sotto il tavolo c'è un libro.
b Sul tavolo c'è un libro.
c A sinistra del tavolo c'è un libro.

a Nell'auto c'è un uomo.
b Sotto all'auto c'è un uomo.
c Di fianco all'auto c'è un uomo.

a Il bambino è vicino ai suoi genitori.
b Il bambino è sui suoi genitori.
c Il bambino è tra i suoi genitori.

LEZIONE 1 SINTESI

1. CD 1 - tr. 39 **Ascolta la descrizione del soggiorno di Beatrice e sottolinea i nomi dei mobili e degli oggetti che senti.**

letto tappeto tavolo sedie armadio soprammobile libreria
poltrona divano televisione radio lampadario bidè

2. CD 1 - tr. 40 **Ascolta nuovamente la descrizione del soggiorno di Beatrice e disegna gli oggetti sulla piantina.**

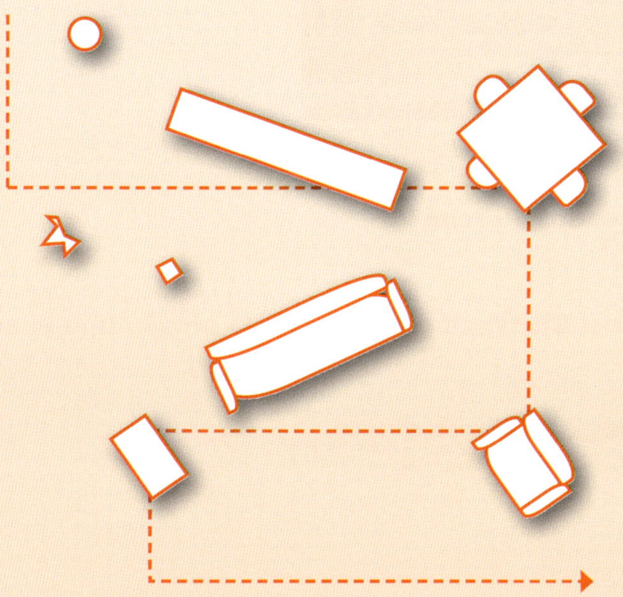

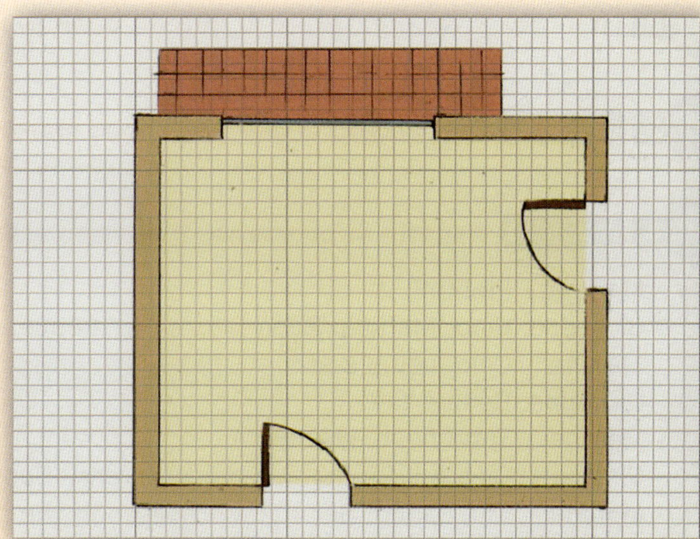

3. CD 1 - tr. 41 **Confronta con un compagno la tua piantina e poi ascolta nuovamente la descrizione che fa Beatrice.**

4. Lavora con un compagno. Uno è A, l'altro B. A va a pagina 189, B a pagina 191. Descrivete le stanze e fate domande per trovare le differenze. Ci sono 10 differenze.

Esempio: **A:** Nel tuo soggiorno c'è una lampada?
B: Sì, è vicino a / a destra / dietro...
A: No.

LEZIONE 2 GLOBALITÀ

1. Guarda le foto. Che tipi di case sono?

a casa di campagna ....

b palazzo ....

c appartamento ....

d casa a schiera ....

e villa ....

1

2

3

4

5

2. Lavorate a coppie. Quale di queste case preferite? Perché?

3. CD 1 - tr. 42 Ora, ascolta il dialogo. Anche Martina e Giuseppe preferiscono lo stesso tipo di casa?

4. CD 1 - tr. 43 Ascolta nuovamente il dialogo e scegli le parole giuste.

- *Martina*: Pronto?
- *Giuseppe*: Ciao, Martina. Sono Giuseppe / Beppe.
- *Martina*: Ciao, come stai?
- *Giuseppe*: Bene e tu?
- *Martina*: Tutto bene, grazie.
- *Giuseppe*: Oggi è il 29 marzo / maggio, vero? Buon compleanno!
- *Martina*: Che carino! Sei il primo / secondo che mi fa gli auguri! Grazie.
- *Giuseppe*: Così non puoi dire che non mi ricordo mai di te.
- *Martina*: Sai che ho una grande / piccola novità?
- *Giuseppe*: Dai, racconta!
- *Martina*: Vado a vivere con Michele / Lele. In una nuova casa bellissima!
- *Giuseppe*: Davvero? Che bello. Dov'è la casa?
- *Martina*: È abbastanza / molto vicino, a San Lorenzo. È un piccolo appartamento in una vecchia casa di campagna ristrutturata. È la mia casa ideale! Cieli grigi / azzurri, prati verdi / gialli...
- *Giuseppe*: Che romantica! Certamente in primavera / autunno e in estate / inverno deve essere bellissimo, ma in inverno... Beh, io preferisco il mio monolocale in centro!
- *Martina*: Tutta invidia, lo so! Facciamo il trasloco il 12 giugno / luglio. Vieni a dare una mano?
- *Giuseppe*: Non so. Ti chiamo la prossima settimana.
- *Martina*: D'accordo. Ciao, Beppe.
- *Giuseppe*: Ciao.

5. Ora, a coppie recitate il dialogo.

6. CD 1 - tr. 44 Ascolta e ripeti i nomi dei mesi.

gennaio
febbraio
marzo

aprile
maggio
giugno

luglio
agosto
settembre

ottobre
novembre
dicembre

in primavera

in autunno

in estate

in inverno

7. CD 1 - tr. 45 Ascolta e cerchia quello che senti.

	a	b	c
1	2 marzo	2 maggio	22 marzo
2	14 gennaio	4 febbraio	14 febbraio
3	13 giugno	30 giugno	13 luglio
4	12 dicembre	6 novembre	26 settembre
5	15 agosto	11 ottobre	31 agosto

8. Adesso prova a scrivere le date in lettere.

1 3/3 tre marzo ....
2 15/4 ....
3 29/1 ....
4 26/9 ....
5 16/10 ....
6 15/12 ....
7 6/5 ....
8 12/6 ....
9 2/8 ....
10 1/7 ....

- Il compleanno di Sandra è **il** 26 settembre.
- Il compleanno di Sandra è **in** settembre.

9. Lavora con due compagni. A turno chiedete e dite quand'è il vostro compleanno.

LEZIONE 2 ANALISI

1. Abbina le parti del gelato ai colori.

- viola
- arancione
- giallo
- blu
- verde
- rosso

2. Osserva gli altri colori. Abbinali ai relativi nomi nel riquadro.

....

....

....

....

....

....

grigio bianco nero
marrone rosa azzurro

3. Insieme a un compagno, a turno chiedete di che colore sono i mobili della vostra camera da letto.

Esempio: **A:** Di che colore è il tuo letto?
B: Verde.

›abbastanza

- **Osserva:**

La lingua italiana è → abbastanza difficile. +
La lingua italiana è → molto difficile. ++

4. Guarda le figure e fa' delle frasi.

1 

2 

3 

4 

5 

6 

1 La persona numero 1 è abbastanza alta.
2 ....
3 ....
4 ....
5 ....
6 ....

preposizioni: *da* e *in*

- **Osserva** l'esempio:

settembre → oggi
Studio portoghese **da** settembre.

settembre
Vado sempre in vacanza **in** settembre.

Osserva la differenza:

un anno fa → oggi
Ho un lavoro **da** un anno.

gennaio → oggi → ottobre
Ho un lavoro **per** 10 mesi.
Finisce **in** ottobre.

provenienza: *da* e *di*

- **Di** dove sei?
- Sono brasiliana, sono **di** San Paolo.

- **Da** dove vieni?
- Vengo **dal** Brasile (oppure "sono brasiliana"), vengo **da** San Paolo.

5. Fa' le domande.

1 - José viene da Madrid? .... (*José*)
- No, da Barcellona.

2 - ....
.... (*in vacanza*)
- In marzo.

3 - ....
.... (*per la Ditta Lamberti*)
- Dal 1992.

4 - ....
.... (*Gianni e Sara*)
- Di Venezia.

5 - ....
.... (*in Italia*)
- Da tre settimane.

6 - ....
.... (*i tuoi amici*)
- Dal Cile.

da = a casa di

- **Osserva:**
- Tutti i giorni vado a mangiare **a casa di** mia madre.
- Tutti i giorni vado a mangiare **da** mia madre.

andare e ***venire*** + preposizioni:

a Milano.
in Francia/Europa/Lombardia.
da Giovanni.
a giocare a tennis.

6. Trasforma le frasi con *da* o *a casa di*.

1 Perché non andiamo da Marco stasera?
Perché non andiamo a casa di Marco stasera?

2 In questo momento Lino è a casa di Giovanna.
....

3 Tutti gli anni in settembre vado a casa dei miei zii.
....

4 Per Natale sono a pranzo da mia nonna.
....

ripasso delle preposizioni

7. Completa con le preposizioni (articolate e non).

1 - I libri sono .... tavolo. (*su*)

2 - Ho un nuovo lavoro .... settembre .... anno scorso. (*da, di*)

3 - L'anno prossimo .... marzo vado .... Madrid .... fare un corso .... spagnolo .... tre mesi. (*in, a, a, di, per*)

4 - Vado spesso a casa .... mia zia Lina. (*di*)

5 - Il cinema è .... sinistra .... banca. (*a, di*)

6 - .... chi è questa penna?
- È .... padre .... Antonio. (*di, di, di*)

7 - .... dove sei?
- Sono portoghese, vengo ...... Lisbona. (*di, da*)

8 - .... mia camera c'è uno specchio davanti .... letto. (*in, a*)

8. Quale preposizione va con questi nomi?
Metti la preposizione articolata. A volte è possibile usare più preposizioni con lo stesso nome, ma pensa a esempi chiari.

stanza macellaio ingresso soffitto letto amico
pavimento psicologo sedia fratello marito

DI	A	IN	SU
del pavimento			sul pavimento

9. Fa' 10 frasi usando i nomi della tabella e le preposizioni.

Esempio: Il pavimento dell'ingresso è marrone.

1 ....
....
2 ....
....
3 ....
....
4 ....
....
5 ....
....
6 ....
....
7 ....
....
8 ....
....
9 ....
....
10 ....
....

10. Completa con le preposizioni (articolate e non).

1 Nel.................. mio bagno c'è un lavandino molto grande.
2 .... Madrid, capitale .... Spagna, la vita è molto allegra.
3 .... centro .... Londra il traffico è insopportabile.
4 C'è un gatto .... finestra.
5 .... che colore è la macchina .... Franz?
6 Davanti .... porta ci sono alcune sedie e un tavolo.
7 Stasera vado .... ristorante .... i miei amici.
8 Vicino .... ufficio postale c'è un negozio .... video.

LEZIONE 2 SINTESI

1. Leggi le descrizioni delle case e abbinale alle foto.

a

b

c

d

Questa è la mia nuova casa. Bella vero? Ci sono due camere da letto, un bagno, una cucina e un soggiorno molto grande. La parte che preferisco è però il balcone: quando c'è bel tempo ci passo molte ore. In città non è facile trovare un posto tranquillo, ma qui al sesto piano è possibile. ....

I miei nonni hanno una piccola casa indipendente dove i miei fratelli ed io andiamo spesso. Soprattutto per Natale e in altre occasioni è bello stare insieme a casa loro. E poi mia nonna è una cuoca bravissima. L'unico problema è che è difficile trovare un posto per l'auto. ....

Vacanze!! Finalmente adesso abbiamo un appartamento dove andare ogni settimana. È a 100 chilometri da casa, un'ora di macchina. È piccolo ma per un paio di giorni la settimana va bene. Ci sono una camera da letto, una cucina piccola e un bagno... io dormo sul divano in soggiorno, ma è a cinque minuti dalla spiaggia! ....

Qui è dove mio padre è nato. È un posto tranquillo vicino alla città. È una casa grandissima: non so quante stanze ci sono e poi c'è la stalla per gli animali e molte altre cose. I miei figli si divertono moltissimo quando ci andiamo. È la libertà totale in mezzo alla natura. ....

2. Presti la tua casa a un amico e gli scrivi per raccontargli com'è.

....

....

....

....

....

LEZIONE 3 GLOBALITÀ

1. Leggi i titoli. Scrivi alcune frasi sui possibili contenuti degli articoli.

La casa della fortuna

Casa o non casa. Questo è il problema.

La casa dei sogni

2. Ora, a coppie confrontate le vostre idee.

3. Leggi l'articolo e metti in ordine i paragrafi.

[.....] Giacomo ha comprato una casa. E che casa! Una vecchia fabbrica, grande, brutta e grigia. Ma ora è tutta diversa.

[.....] Il padre di Giacomo è operaio, sua madre casalinga. E i soldi per cambiare vita? La fortuna a volte aiuta. La fortuna di Giacomo si chiama Totocalcio. Da un anno tutto è diverso!! Da un anno tutto è nuovo!! Voi cosa fareste con due milioni di euro?

[.....] La casa - fabbrica si chiama La casa della Fortuna. Al piano terra c'è una biblioteca con libri e riviste un po' speciali: solo sport o storie di gente fortunata e soprattutto tutto quanto riguarda le scommesse. In un'altra stanza tanti computer per qualsiasi informazione. C'è poi una palestra con tavoli da ping-pong, da biliardo, ecc. Un bar e tanti comodi divani e poltrone.

[.....] Giacomo F., architetto napoletano disoccupato di 30 anni, non sa cosa fare nella vita. Davanti a lui ci sono due possibilità: continuare a vivere come vive oggi o cambiare tutto.

[.....] Al primo piano c'è la casa di Giacomo: un po' speciale. Gli chiediamo cosa manca nella sua casa e lui risponde: "Uno zoo". A voi immaginare com'è.

LEZIONE 3 ANALISI

verbi irregolari

venire - indicativo presente	
	Vengo a casa tua stasera.
	Vieni al cinema con me?
Sam	**viene** dal Ghana.
	Veniamo dalla Svezia.
Perché non	**venite** in vacanza con noi?
Paul e Linda	**vengono** da Londra.

dire - indicativo presente
dico
dici
dice
diciamo
dite
dicono

verbi in *-cere: vincere* - e verbi in *-gere: leggere*	
vinco	**leggo**
vinci	**leggi**
vince	**legge**
vinciamo	**leggiamo**
vincete	**leggete**
vincono	**leggono**

1. Completa le frasi con un verbo del riquadro.

finire venire dire vincere
leggere andare sapere avere
fare offrire sentire potere

1 Da dove ....vengono.... Zeliko e Gordana?
2 Come si .... penna in tedesco?
3 Quanti anni .... i tuoi genitori?
4 Secondo te chi .... la partita stasera?
5 Dove .... in vacanza tu e la tua ragazza?
6 Scusate, ... ripetere per favore?
7 Vieni con me al bar, ti .... un caffè!
8 A che ora .... di studiare i tuoi compagni?
9 Cosa ....? Andate a pagina 3, c'è un articolo interessante.
10 Giovanni, ... dove abita il Prof. Alberti?
11 Cosa .... questa sera? Perché non andiamo al cinema?
12 .... anche tu questa musica?

>nomi irregolari

Alcuni nomi che finiscono in **-o** sono femminili:
la man**o** > **le** man**i**
Alcuni nomi che finiscono in **-a** sono maschili:
il poet**a** > **i** poet**i**; **l'**artist**a** > gli artist**i**

- **Osserva:** sia i femminili che i maschili hanno il plurale in **-i**: **le** man**i**, **i** poet**i**.

Spesso sono nomi abbreviati:

singolare	plurale
la foto la moto l'auto la radio	le foto le moto le auto le radio

singolare	plurale
il cinema	i cinema

- **Osserva:** sia i femminili che i maschili hanno il plurale uguale al singolare.

2. Scrivi il nome accanto alle immagini e poi fa' il plurale.

singolare: ....
plurale: ....

singolare: ....
plurale: ....

singolare: ....
plurale: ....

singolare: ....
plurale: ....

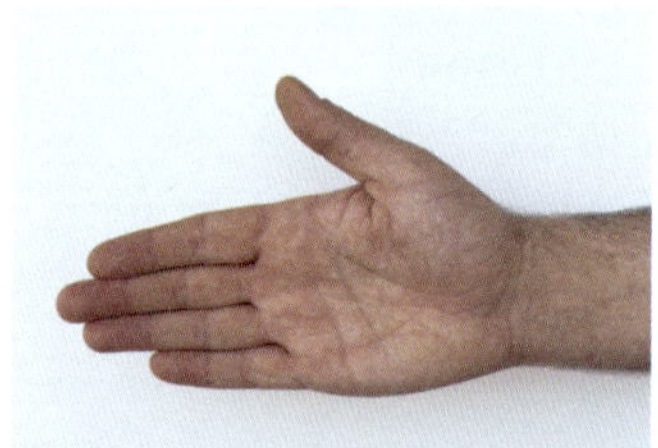

singolare: ....
plurale: ....

singolare: ....
plurale: ....

>articoli determinativi e indeterminativi in contrasto

3. Metti l'articolo determinativo o indeterminativo.

1 Nella mia camera c'è ..un.. armadio.
2 ...... moglie di Paolo si chiama Daniela.
3 ...... mia macchina è gialla.
4 ...... fratello di Pietro fa il barbiere, l'altro è disoccupato.
5 ...... lingua italiana non è molto facile.
6 Sotto ..... appartamento dove vivo c'è ...... supermercato.
7 ...... Italia è ...... paese molto bello.
8 Stasera andiamo al cinema a vedere ...... film giapponese.
9 ...... mio compleanno è ...... 16 ottobre.
10 Questa è ...... casa molto grande.

LEZIONE 3 SINTESI

1. Stai aiutando i tuoi genitori a cercare in Internet una casa o un appartamento da affittare per le prossime vacanze in Italia. Vengono con voi anche tre amici che vivono in Portogallo. Leggi gli annunci che seguono, scegli la soluzione che preferisci, poi scrivi agli amici per informarli della tua proposta. Inizia così:

a: giulia@virgilio.it

da: lucia@libero.it

oggetto: vacanze

Ciao,

ho una proposta per le nostre vacanze!

Perché non ....

....

....

....

....

....

Viva-vacanze - Il portale dei consigli per le vacanze

http://www.viva-vacanze.it/index.php

Più visitati · Come iniziare · Ultime notizie

VACANZE!

IN PRIMO PIANO

MENU

- HOME
- L'IDEA
- A CHI RIVOLGERSI
- NEWSLETTER

AFFITTO APPARTAMENTO IN TOSCANA
Bellissimo appartamento 100 m²
in tipica casa toscana con ingresso indipendente vicino a San Gimignano, Firenze e Siena.
Perfetto per 4-5 persone
2 Camere - 1 Bagno
Giardino: 6 m²
Costo: € 550 alla settimana in marzo, aprile, maggio, giugno, ottobre e novembre; € 600
in luglio; € 800 le prime tre settimane di agosto; € 600 l'ultima settimana di agosto e tutto il mese di settembre.
Spese escluse.

OFFERTA LAST MINUTE:
Parco dell'Uccellina, dal 31/5 al 14/6 € 300, dal 14/6 al 28/6 € 350 (spese incluse).
VILLINO a 50 metri dal mare.

OFFERTA LAST MINUTE: dal 2/6 al 9/6
Santa Teresa di Gallura, villino a 150 metri dal mare. Per 4-6 persone.
3 Camere - 2 Bagni - Giardino: 20 m²
€ 750 (spese incluse)

AFFITTO APPARTAMENTO IN RESIDENCE
LE PALME Appartamento nuovissimo, arredato 200 metri dalla spiaggia
Policoro (provincia di Matera) - Basilicata
Adatto per 4-6 persone
2 Camere - 1 Bagno
Spazio abitabile 64 m² - Giardino: 24 m²
€ 2200 mese di agosto; spese incluse

AFFITTO AGRITURISMO VIESTE
Residence *Le Meraviglie del Sud*
Vieste - Gargano - Costa Adriatica
(provincia di Foggia) - Puglia
Agriturismo 16 camere - massimo 32 persone - 5 mini-appartamenti
Giardino: 1000 m²

OFFERTA: APPARTAMENTO ALLE CINQUE TERRE
€ 700 alla settimana nel mese di luglio
CASA DELL'ULIVO: UN ACCOGLIENTE RUSTICO TRA CAMPAGNA E MARE
Monterosso - Le Cinque Terre - La Spezia (provincia di) - Liguria
Tipologia: Appartamento - 6 Vani - 6-7 persone - 3 Camere - 2 Bagni - 140 m²

Completato

LEZIONE 3 CIVILTÀ

La casa

1. Prova a intervistare i tuoi compagni. Dove vivono?

	COMPAGNO 1	COMPAGNO 2	COMPAGNO 3	COMPAGNO 4
In che tipo di casa vivono?				
La casa è loro o in affitto?				
La loro famiglia ha altre case? Dove?				

2. Cosa sai delle case degli italiani? Completa lo schema con alcune idee.

La casa in Italia

- ....
- ....
- ....
- ....

3. Ora, leggi il testo. Ci sono alcune delle tue idee dell'attività precedente?

La maggior parte degli italiani vive in appartamenti. Può essere un appartamento di una, due, tre o più stanze da letto, ma il tipico appartamento italiano ha due stanze da letto, una cucina, un soggiorno, uno o due bagni, una cantina, forse un garage e uno o due balconi. In Italia vivono circa 60 milioni di persone, un numero alto per il territorio italiano, dove ci sono molte montagne o colline. Così, soprattutto nelle città non c'è spazio per costruire case indipendenti o con pochi appartamenti. Spesso troviamo case grandi con molti appartamenti. In questi condomini, il prezzo degli appartamenti è relativamente più basso rispetto a quello di una casa indipendente. Da alcuni anni però il prezzo delle case è molto, molto alto e non solo nei centri storici delle città più importanti. Ma l'appartamento, dal **monolocale** al **grande attico**, non è l'unico tipo di casa in Italia. Ci sono ville (dove vivono persone ricche), case a schiera, case coloniche ristrutturate, ecc.

PROGETTO

1. Disegna la piantina della stanza che ti piace di più di casa tua.
2. Scrivi sulla piantina i nomi degli oggetti.
3. Ora, ascolta il tuo insegnante e gioca.

io

	1	2	3	4	5	6	7	8	9	10	11	12	13	14	15	16	17	18	19	20	21	22	23	24	25	26	27	28	29	30	31
gennaio																															
febbraio																															
marzo																															
aprile																															
maggio																															
giugno																															
luglio																															
agosto																															
settembre																															
ottobre																															
novembre																															
dicembre																															

mio compagno / mia compagna

	1	2	3	4	5	6	7	8	9	10	11	12	13	14	15	16	17	18	19	20	21	22	23	24	25	26	27	28	29	30	31
gennaio																															
febbraio																															
marzo																															
aprile																															
maggio																															
giugno																															
luglio																															
agosto																															
settembre																															
ottobre																															
novembre																															
dicembre																															

4. A casa cerca immagini delle seguenti tipologie di case italiane: casa di campagna, palazzo, condominio, casa a schiera, villa. Poi incollale o disegnale su questa pagina. Cerca le stesse tipologie di case nel tuo paese. Ci sono delle differenze? Ci sono tipologie di case che esistono in Italia e non nel tuo paese? E al contrario? Durante la lezione successiva mostra le immagini a un tuo compagno e rispondi alle domande parlandone con lui.

TEST

1 Abbina la parola alla sua definizione. ..... / 6

1	monolocale	**a**	locali che insieme costituiscono l'abitazione di una famiglia
2	attico	**b**	abitazione elegante con un giardino o parco
3	appartamento	**c**	abitazione di una sola stanza
4	condominio	**d**	abitazioni per una sola famiglia tutte uguali, con uno o più lati in comune
5	villa	**e**	edificio con parti in comune dove vivono più famiglie
6	case a schiera	**f**	stanza, o stanze, d'abitazione all'interno di un tetto

2 Osserva la pianta di questo appartamento e scrivi a un tuo amico una breve lettera con una descrizione. ..... / 10

Caro Michele,
finalmente abbiamo un appartamento a Roma; la mia camera è abbastanza grande, così puoi venirmi a trovare quando vuoi.
L'appartamento è molto carino, quando entri dalla porta...
....
....
....
....
....
....

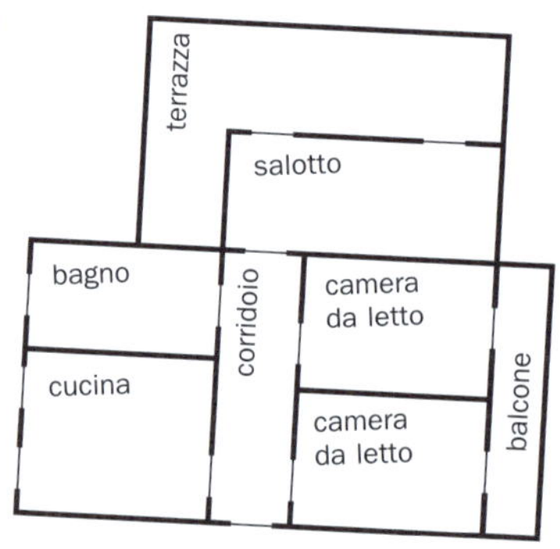

3 Osserva queste vignette. Alcuni oggetti non sono nello stesso posto. Trovali e scrivi dove si trovano, come nell'esempio. ..... / 5

vignetta 1

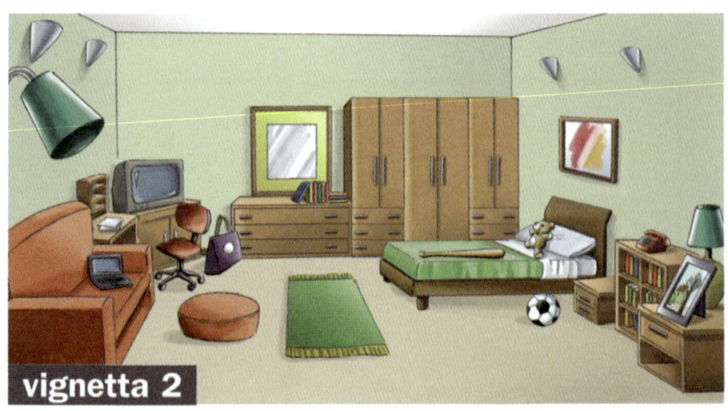
vignetta 2

vignetta 1		vignetta 2	
a	Il pallone è sull'armadio	**a**	Il pallone è vicino al letto
b	....	**b**	....
c	....	**c**	....
d	....	**d**	....
e	....	**e**	....
f	....	**f**	....

4 Completa le frasi con un verbo e una preposizione dai riquadri. ..... / 25

1 Franco e Luisa .... un nuovo lavoro .... primo .... giugno .... anno scorso.
2 I miei cugini .... spesso .... noi a cena.
3 Luca, ... passarmi la bottiglia .... acqua che è .... tavolo, ... favore?
4 L'Italia non .... il mondiale .... calcio .... 2006.
5 Ruba, ... dove ....? .... Siria?
6 Quando non sono .... Italia .... spesso gli articoli .... giornali italiani .... Internet.
7 Domani Carlo .... Inghilterra .... tre mesi a .... un corso .... inglese.

vieni vengono va puoi vince fare leggo hanno

di in dei in per dell' in dal da dell' dalla di dal di sul per da

5 Scrivi le forme di questi verbi. ..... / 24

dire		sapere		venire		andare	
io	....	io	....	io	....	io	....
tu	....	tu	....	tu	....	tu	....
lui/lei	....	lui/lei	....	lui/lei	....	lui/lei	....
noi	....	noi	....	noi	....	noi	....
voi	....	voi	....	voi	....	voi	....
loro	....	loro	....	loro	....	loro	....

potere		fare		vincere		leggere	
io	....	io	....	io	....	io	....
tu	....	tu	....	tu	....	tu	....
lui/lei	....	lui/lei	....	lui/lei	....	lui/lei	....
noi	....	noi	....	noi	....	noi	....
voi	....	voi	....	voi	....	voi	....
loro	....	loro	....	loro	....	loro	....

Totale: ..... / 70

REVISIONE & AMPLIAMENTO »

FUNZIONI »

1. Completa il dialogo, spiega ad Andrea che hai trovato casa.

- *Andrea*: Pronto.
- *Tu*: ....
- *Andrea*: Ti sento molto contenta!
- *Tu*: ....
- *Andrea*: Da sola o con altri?
- *Tu*: ....
- Andrea: Che bello! Dov'è l'appartamento?
- *Tu*: ....
- *Andrea*: Hai anche un telefono nella casa? Mi dici il numero?
- *Tu*: ....
- *Andrea*: OK. Quando posso venire a vederlo?
- *Tu*: ....
- *Andrea*: Va bene… arrivo tra un'ora!
- *Tu*: ....
- *Andrea*: Ciao, sono contento per te!

LESSICO»

2. Osserva le fotografie e scrivi il nome degli oggetti nel cruciverba.

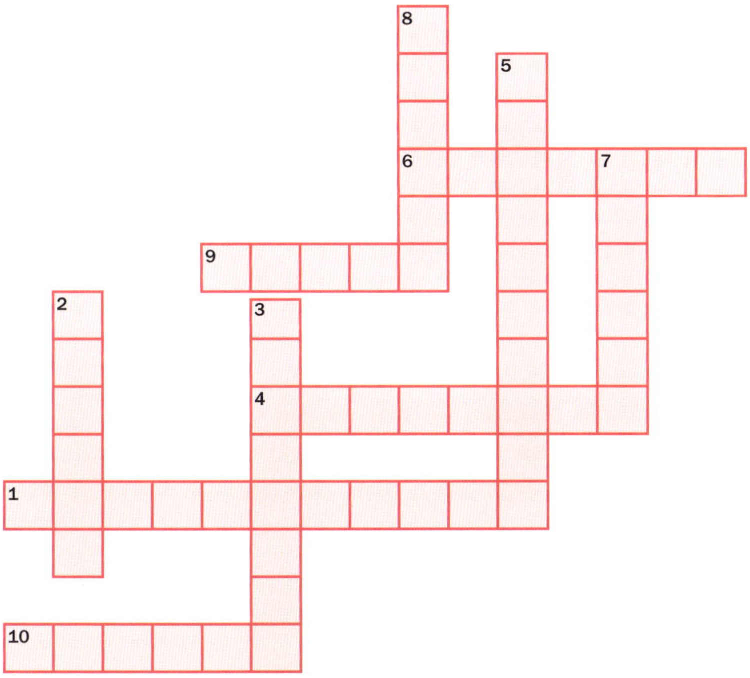

3. Trovate l'oggetto.

1 Si trova nel bagno. B................................ (*4 lettere*)
2 C'è in tutte le case. P................................ (*5 lettere*)
3 Grazie a lei ascolto musica. R................................ (*5 lettere*)
4 La Gioconda di Leonardo. Q................................ (*6 lettere*)
5 Ci sono molti libri. L................................ (*8 lettere*)

4. Scrivi le date.

1 25/6/2005 ....
2 8/10/1987 ....
3 12/10/1492 ....
4 17/04/2001 ....
5 1/1/2011 ....

RIFLESSIONE GRAMMATICALE»

5. Metti le preposizioni articolate e poi forma il plurale.

1 .... albero (*su*)
2 .... amico di Franco (*da*)
3 .... sedia (*su*)
4 .... insegnante (*di*)
5 .... parete (*su*)
6 .... armadio (*in*)
7 .... giornale (*su*)
8 .... appartamento (*in*)

1 ....
2 ....
3 ....
4 ....
5 ....
6 ....
7 ....
8 ....

6. Labirinto. Decidi se oggi ti senti un po' solitario oppure se hai voglia di stare in compagnia. Se ti senti solo, parti da SINGOLARE, se sei allegro, parti da PLURALE. Devi seguire il percorso passando solo sui verbi singolari o solo sui plurali. Dove arrivi?

Parto da .... e arrivo a ....

Singolare **Plurale**

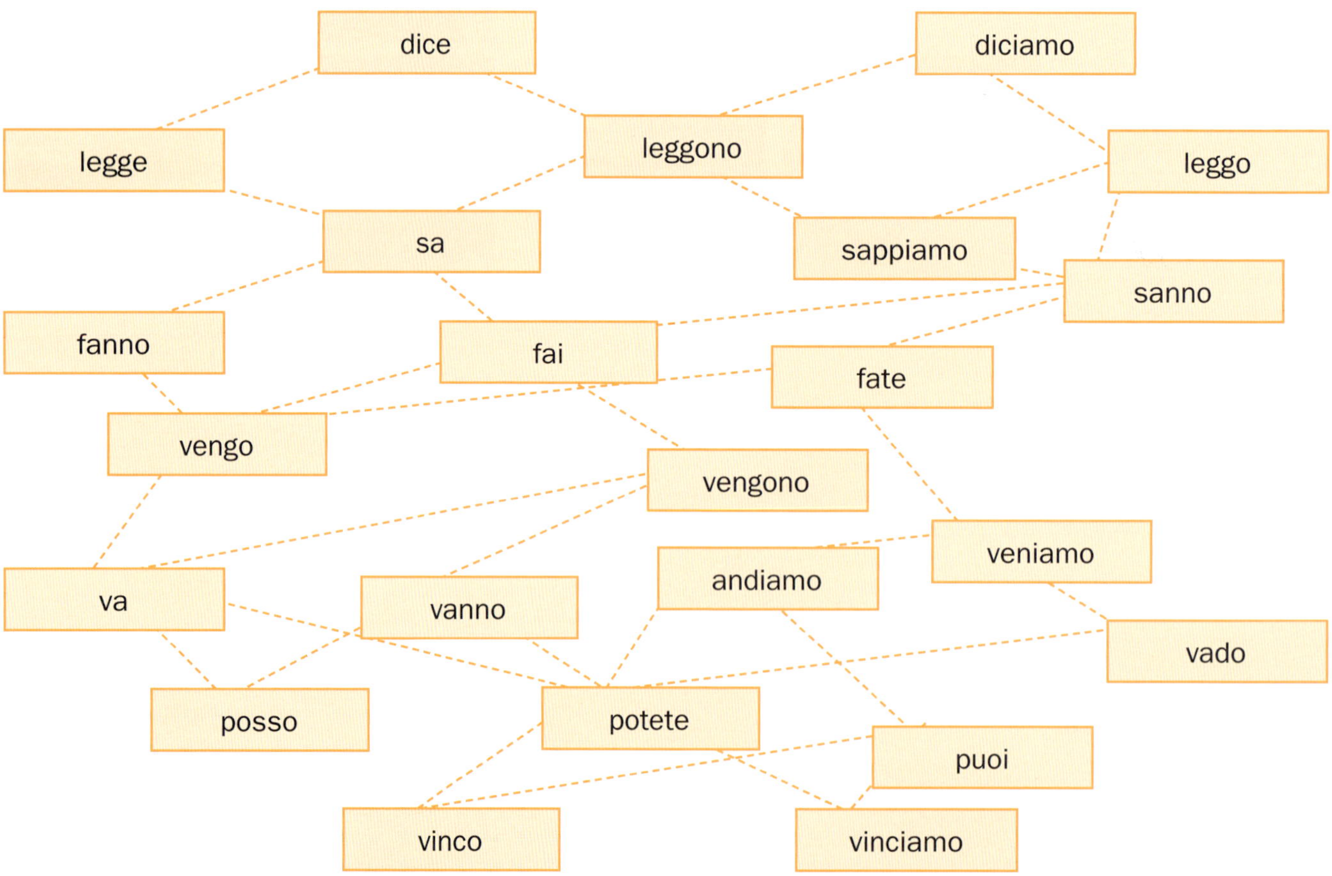

7. Sul quaderno, scrivi alcune frasi su di te con i verbi dell'attività 6.

8. **Correggi gli errori. C'è al massimo un errore per frase e riguardano tutti le preposizioni.**

1 Studio portoghese tra settembre. ....

2 Peter viene di New York. ....

3 Il mio compleanno è agosto. ....

4 Franco e Lucia sono da Venezia. ....

5 Ancona è nell'Italia. ....

6 I libri sono su il tavolo. ....

7 Questa è l'amica della mia madre. ....

8 Il ristorante è in sinistra della stazione. ....

9 Nella mia camera c'è uno specchio davanti del letto. ....

10 A chi è questa casa? ....

11 Le scuole finiscono nel 13 giugno. ....

GIOCO»

9. **Crucimese**

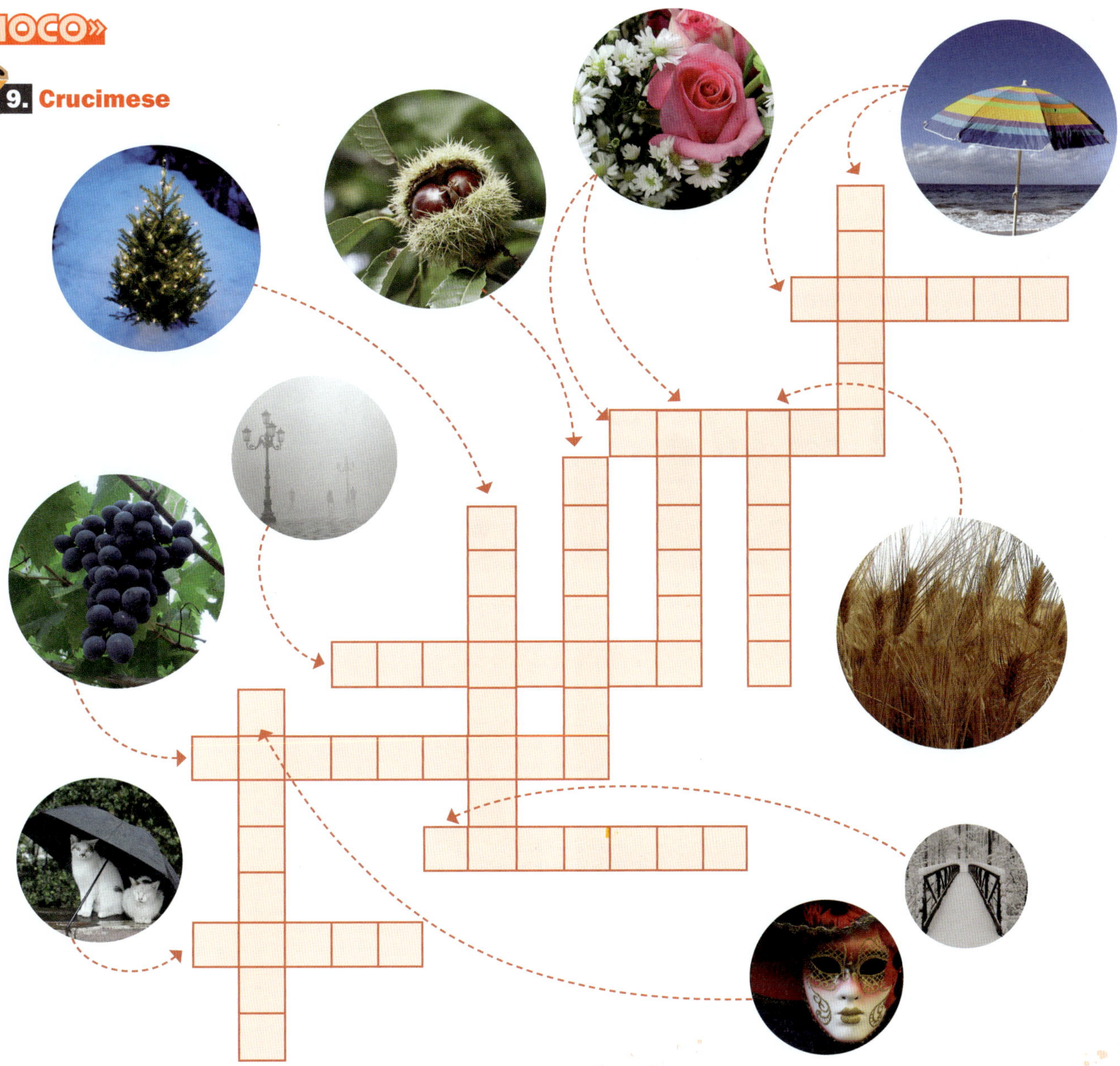

PERCORSO 6 › LA VITA QUOTIDIANA

LEZIONE 1 GLOBALITÀ

1. Abbina le azioni alle figure.

ora: ....

ora: ....

ora: ....

ora: ....

ora: ....

ora: ....

ora: ....

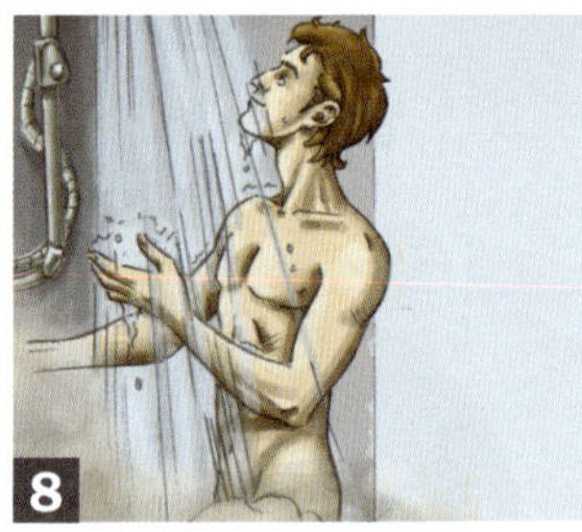

ora: ....

ora: ....

ora: ....

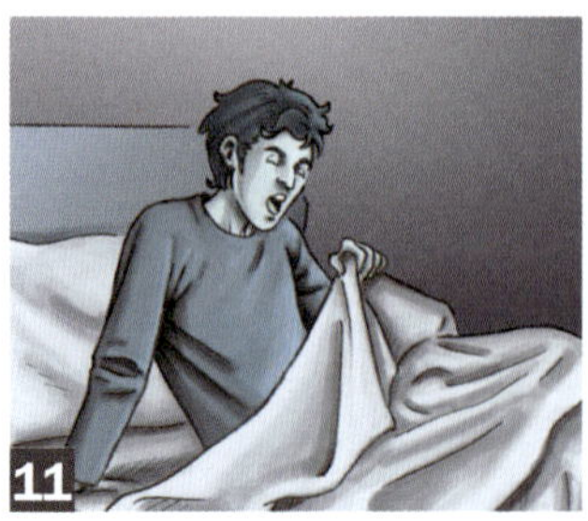

ora: ....

- ☐ fare la doccia
- 1 svegliarsi
- ☐ finire di studiare
- ☐ studiare
- ☐ guardare la tv
- ☐ pranzare
- ☐ andare a letto
- ☐ lavarsi
- ☐ cenare
- ☐ alzarsi
- ☐ fare colazione

2. **Controlla le tue risposte con un compagno.**

3. **A coppie, guardate la foto. Secondo voi, com'è la giornata di Giorgio?**

4. CD 1 - tr. 46 **Ascolta la descrizione di una tipica giornata di Giorgio e indica se le affermazioni sono vere o false.**

		vero	falso
1	Giorgio va al liceo.	☐	☐
2	Giorgio non va mai a scuola di pomeriggio.	☐	☐
3	La mamma di Giorgio è casalinga.	☐	☐
4	Il papà accompagna Serena a scuola.	☐	☐
5	La mamma di Giorgio va a casa a pranzo.	☐	☐
6	Giorgio ha l'allenamento di calcio due volte alla settimana.	☐	☐
7	Giorgio sa usare il computer.	☐	☐
8	A Giorgio piace leggere.	☐	☐

5. CD 1 - tr. 47 **Ascolta nuovamente la descrizione di Giorgio e metti gli orari nei disegni dell'esercizio 1.**

Alla scoperta della lingua

Abbina gli orari scritti in cifre alla trascrizione in lettere.

6:40

5:30 → cinque e mezza (oppure mezzo)

2:15

10:45

3:10

- cinque e mezza (oppure mezzo)
- sette meno venti
- tre e dieci
- due e un quarto
- undici meno un quarto

6. **Guarda il tabellone delle partenze degli aerei e completa gli spazi. Scrivi gli orari in lettere.**

Volo	Destinazione	Orario	Uscita
AZ349	Berlino	03.05	8
AF497	Parigi	05.15	6
SA112	Stoccolma	09.30	1
BA182	Londra (Luton)	07.10	4
AZ898	Bruxelles	12.00	12
AZ334	Barcellona	13.25	7
IB123	Madrid	18.40	9
KL667	Amsterdam	20.45	1
MX109	Città del Messico	21.50	3
AF556	Marsiglia	22.55	8
BA963	Edimburgo	02.40	11

1 03.05 tre *e cinque*............
2 05.15 cinque *e un quarto*............
3 09.30 nove *e mezza*............
4 07.10 ....
5 12.00 ....
6 13.25 una ....
7 18.40 sette *meno venti*............
8 20.45 nove *meno un quarto*............
9 21.50 ....
10 22.55 ....
11 02.40 ....

7. CD **1** - tr. **48** **Scrivi gli orari che senti.**

1 *tre e un quarto*............
2 ....
3 ....
4 ....
5 ....
6 ....
7 ....
8 ....
9 ....
10 ....

12.00 = mezzogiorno
24.00 = mezzanotte

8. **Insieme a un compagno guarda gli orologi. Poi, a turno, chiedete e dite che ore sono.**

Esempio: **A:** - Che ore sono? **B:** - Sono le tre e cinque.
A: - Che ore sono? **B:** - È l'una e cinque.

LEZIONE 1 ANALISI

l'ora

- Come si risponde alla domanda:
  Che ore sono?
  Cosa dobbiamo usare per rispondere?
- Con le ore si usa l'articolo ***le*** (*le 5 e 10*) e il verbo al plurale ***sono***.
- **Però osserva: è l'**una.
- Con ***mezzogiorno*** e ***mezzanotte*** non si usa l'articolo e il verbo è al singolare.

1. Abbina gli orari scritti in cifre alla trascrizione in lettere.

1.30	le tre e mezza
9.15	le nove e un quarto
5.45	**le dodici**
12.00	l'una e mezza
3.30	le sei meno un quarto
11.05	le undici e cinque

2. Scrivi gli orari in lettere.

1 08.15 le otto e un quarto
2 13.05 ....
3 04.45 ....
4 13.00 ....
5 12.00 ....
6 11.30 ....
7 22.20 ....
8 00.30 ....

verbi irregolari e riflessivi

verbi irregolari - *uscire*
esco
esci
esce
usciamo
uscite
escono

verbi riflessivi - indicativo presente
Mi chiamo Anna.
Ti alzi sempre alle 8?
Lucia **si** sveglia alle 7 tutti i giorni.
Ci chiamiamo Anna e Domenico.
Vi alzate sempre alle 8?
Lucia e suo figlio **si** svegliano alle 7 tutti i giorni.

3. Forma delle frasi.

1 Giovanni/alzarsi/alle 8.
Giovanni si alza alle 8.
2 Mia moglie e io/svegliarsi/alle 7.
....
3 Come/chiamarsi/(voi)?
....
4 I gatti/lavarsi/spesso.
....

4. Trova l'errore e correggilo.

1 Paolo ci svegliamo sempre alle 8.
Paolo si sveglia sempre alle 8.
2 Come ti chiami il tuo cane?
....
3 A che ora ti alzi tu e tuo fratello?
....
4 Io si lava sempre prima di andare a letto.
....

5. Questa è la giornata tipica di Giuseppe. Completala con i verbi del riquadro.

preparare svegliarsi uscire andare lavarsi guardare finire cenare pranzare alzarsi tornare andare

Di solito **1** ...mi sveglio... alle sette meno un quarto, ma sto un po' a letto e **2** .... alle sette, **3** .... e mi faccio la barba.
Alle sette e un quarto **4** .... la colazione per me e mia moglie. Tutti e due **5** .... di casa alle otto meno venti per andare al lavoro.
6 .... a casa all'una e mezza circa e **7** .... insieme.
Di pomeriggio sto a casa fino alle tre e mezza e poi **8** .... nuovamente in ufficio.
9 .... di lavorare alle sei e mezza. Di sera **10** .... alle otto e poi **11** .... un po' la televisione. **12** .... a letto alle undici e mezza.
Che vita interessante, vero!

6. Verbi irregolari al presente. Metti i verbi alla prima persona singolare.

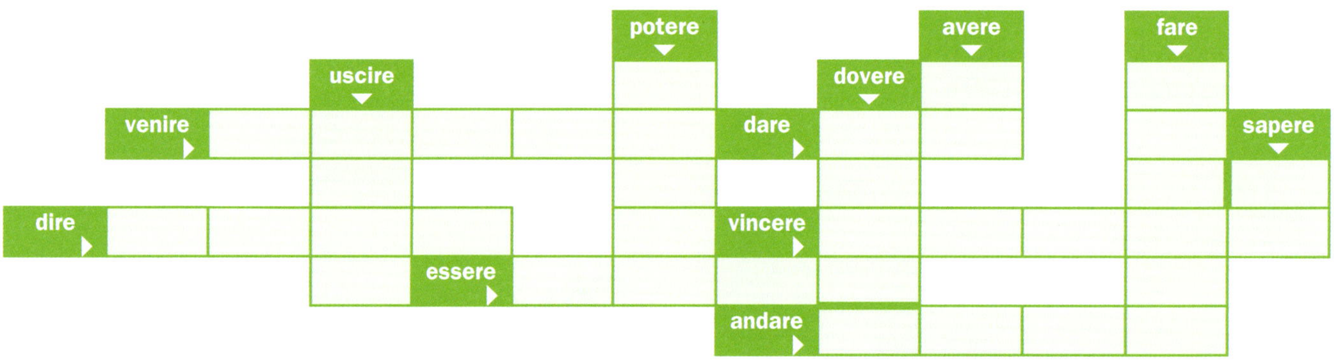

› andare in/a

vado	a	casa scuola letto lezione teatro	al	bar ristorante cinema	alla	stazione posta	all'	università	in	albergo banca città classe discoteca ufficio

LEZIONE 1 SINTESI ›››

1. Scrivi una breve descrizione di una tua giornata tipica. Indica gli orari.

....
....
....
....
....
....

LEZIONE 2 GLOBALITÀ

1. **Luca scrive a sua madre e le racconta della sua vita a Parigi. Secondo te, di che cosa parla nella sua lettera?**

Strategie di apprendimento

Comprensione globale

Nella prossima attività ti insegniamo a leggere globalmente un testo. Questa tecnica consiste nel leggere velocemente o ascoltare un testo per comprendere le idee principali, senza cercare di capire tutte le informazioni e tutte le parole.

2. **Leggi velocemente la lettera di Luca a sua madre. Le tue idee sono giuste?**

Cara Mamma,

Come va? Io sto bene e Parigi è bellissima. Purtroppo non ho molto tempo per fare il turista, non sono qui in vacanza.

Oggi è domenica e ti scrivo perché ho un po' di tempo da dedicare alle mie cose e ai miei amici.

In questo periodo studio molto e sono stanco. Spero di tornare presto in Italia. Ormai mancano solo tre settimane.

Durante la settimana mi sveglio presto, alle 7 circa, mi alzo e mi preparo una colazione rapida, dopo esco. Parigi è enorme e devo prendere la metropolitana e dopo camminare per dieci minuti per arrivare a scuola.

Comincio le lezioni alle 9. Alle 12.30 faccio una pausa di un'ora per mangiare qualcosa, solitamente un panino, ma non ti preoccupare, di sera ceno sempre abbondantemente! Si sta davvero bene con questa famiglia!

Alle 6.30 torno a casa, una doccia e poi, dopo cena, esco con Jean, il figlio, o anche con i suoi genitori (sono tutti molto gentili con me).

A volte, vado a mangiare da Camillo, ricordi quell'amico di papà che ha una pizzeria qui? Quel signore alto, simpatico, di Bari...

Se non esco, guardo la televisione. Anche se non capisco molto, il francese mi piace.

Ora ti lascio. Ci vediamo presto.

Un bacio

Tuo Luca

PS. Perché non vieni a Parigi? Ti va di passare qualche giorno insieme qui?

Camminare e ***andare a piedi***
- Mi piace **camminare** nei parchi.
- **Vado** al lavoro **a piedi**.

Dopo e ***poi*** possono avere lo stesso significato:
- Mi sveglio presto, faccio la doccia e **poi/dopo** faccio colazione.

3. Leggi nuovamente il testo e rispondi alle domande.

1 Perché Luca è a Parigi? ....
2 Quando torna in Italia? ....
3 Com'è la sua giornata tipica in Francia? ....
4 Cosa fa nel tempo libero? ....
5 Luca fa delle cose che possono preoccupare sua madre? ....

4. Osserva come scriviamo una lettera informale.

a Come cominciamo una lettera informale? ....
b Dove scriviamo la data? ....
c Come finiamo la lettera? ....

LEZIONE 2 ANALISI »

› le date

- Che giorno è oggi?

  › (Oggi) è giovedì.

- Quanti ne abbiamo oggi?
  (Che giorno è oggi?)

  › (Oggi) è martedì 3 gennaio.
  › (Oggi) è il 3 gennaio.
  › Ne abbiamo 3.

- **Osserva:**
  con le date non ci sono preposizioni.

1. Rispondi alle domande e scrivi per intero la data.

1 Quanti ne abbiamo oggi? ....
.... (2/8)
2 Che giorno è oggi? ....
.... (lun. 22/3)
3 Quanti ne abbiamo oggi? ....
.... (1/5)
4 Che giorno è oggi? ....
.... (dom. 16/10)

› l'aggettivo dimostrativo *quello*

- Conosci la differenza tra *questo* e *quello*?

- **Osserva le frasi.**
  Come funziona il dimostrativo ***quello***?
  - Ricordi **quell'**amico di papà che ha una pizzeria qui?
  - **Quel** signore alto, simpatico, di Bari...

maschile	singolare	plurale
davanti a una consonante	**quel** libro	**quei** libri
davanti a S + consonante, Z, PS, GN, X	**quello** studente	**quegli** studenti
davanti a una vocale	**quell'**appartamento	**quegli** appartamenti

femminile	singolare	plurale
davanti a una consonante	**quella** casa	**quelle** case
davanti a una vocale	**quell'**amica	**quelle** amiche

2. Metti l'articolo determinativo e l'aggettivo dimostrativo.

..il.. giardino ....questo........ ....quel........
..... giornale ....
..... infermiera ....
..... esercizio ....
..... film ....
..... parola ....
..... uomo ....
..... paese ....
..... stanza ....
..... anno ....

3. Metti l'articolo determinativo e l'aggettivo dimostrativo.

..i.. giardini ....questi........ ....quei........
..... giornali ....
..... infermiere ....
..... esercizi ....
..... film ....
..... parole ....
..... uomini ....
..... paesi ....
..... stanze ....
..... anni ....

4. Guarda le figure e completa le nuvolette.

- **Osserva le frasi.**
  Cosa usiamo per fare un invito o una proposta in italiano?
  - **Perché non** vieni a Parigi? **Ti va** di passare qualche giorno insieme qui?

5. Invita un amico. Usa *perché non...* + presente indicativo o *ti va di...* + infinito.

1 Perché non andiamo al / Ti va di andare al .... cinema?
2 .... città?
3 .... scuola?
4 .... ristorante?
5 .... bar?
6 .... casa?
7 .... teatro?
8 .... discoteca?

› gli avverbi di frequenza

6. Metti in ordine gli avverbi di frequenza.

sempre
....
....
....
....
....
....
mai

quasi mai raramente quasi sempre di solito a volte spesso

7. Ti ricordi Giorgio? Scrivi delle domande per le sue risposte.

1 - ....?
- 13.

2 - ....?
- Non ci svegliamo tardi. Di solito alle 7 meno un quarto.

3 - ....?
- Sì, quasi sempre. Ma a volte il papà esce presto e fa colazione al bar.

4 - ....?
- Io vado a piedi, mentre la mamma accompagna Serena in macchina.

5 - ....?
- No, non è casalinga, lavora in un ufficio.

6 - ....?
- La scuola è abbastanza difficile e ci sono molti compiti da fare.

7 - ....?
- No, la domenica siamo a casa!

8 - ....?
- Di mattina, dal lunedì al sabato. Il giovedì pomeriggio dalle 2 alle 5.

- Mi sveglio **sempre** alle 7.
Solitamente gli avverbi vanno dopo il verbo, ma si possono trovare in posizioni diverse.

Con ***mai*** il verbo è alla forma negativa:
- Non vado **mai** al cinema.

LEZIONE 2 SINTESI

1. **Stai facendo un corso di inglese a Londra. Scrivi una lettera simile a quella di Luca a un tuo amico italiano.**

LEZIONE 3 GLOBALITÀ »»

1. Osserva le immagini.

cucinare

lavare i piatti

pulire

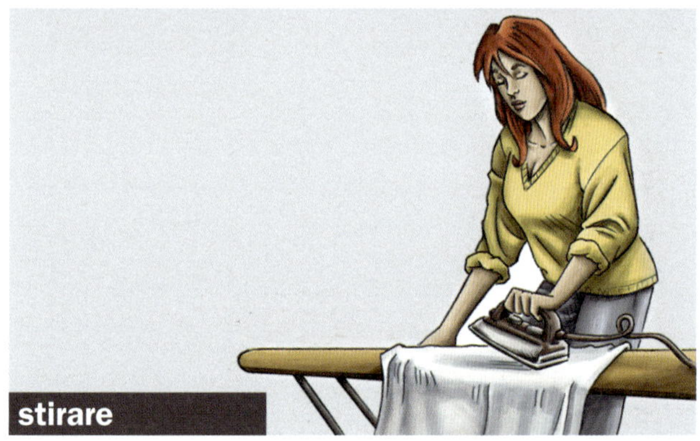
stirare

lavare i vestiti

fare il letto

riordinare

2. CD 1 - tr. 49 **Ascolta due giovani italiani che parlano dei lavori di casa. Completa la tabella.**

	MAURIZIO	FRANCO
sempre		
quasi sempre		
di solito		
spesso		
a volte		
raramente	stirare	
quasi mai		
mai		

3. Completa lo schema con le azioni e gli orari della tua giornata in sequenza.

1	svegliarsi	ore: .... : ....
2		ore: .... : ....
3		ore: .... : ....
4		ore: .... : ....
5		ore: .... : ....
6		ore: .... : ....
7		ore: .... : ....
8		ore: .... : ....
9		ore: .... : ....

LEZIONE 3 ANALISI

› possessivi singolari e plurali

	maschile		femminile	
	singolare	**plurale**	**singolare**	**plurale**
I persona	mio	miei	mia	mie
II persona	tuo	tuoi	tua	tue
III persona	suo	suoi	sua	sue
I persona	nostro	nostri	nostra	nostre
II persona	vostro	vostri	vostra	vostre
III persona	loro	loro	loro	loro

- I pronomi e gli aggettivi possessivi in italiano sono uguali.
  1 = aggettivo. **2** = pronome.
  La **mia (1)** camera è grande,
  la **tua (2)** è piccola.

- **Osserva l'esempio:**
  l'aggettivo è seguito dal nome, mentre il pronome sostituisce il nome.

Loro non cambia mai.

1. Pronome o aggettivo possessivo?

1 **Questa** è la mia casa. A P
2 E la **tua** dov'è? A P
3 Ti presento la **nostra** amica. A P
4 Piacere. E questo è **mio** fratello, Carlo. A P
5 Guarda, la **tua** macchina! A P
6 No, sono uguali, ma la **mia** è là! A P

2. Completa le frasi con il possessivo.

1 Questo è il .... libro. Non vedi che è sul mio banco?
2 Noi siamo tedeschi, ma i .... genitori sono italiani.
3 Vieni, ti presento i .... amici!
4 Ecco Silvia e Gregorio con i .... figli.
5 Sei stanca? Non ti piace più il .... lavoro?
6 Prendete! Queste sono le .... penne! Le .... sono qui.
7 La figlia di Luca e Cristina si chiama Angela, il .... figlio si chiama Luigi.
8 Non so dov'è .... moglie. Forse è ancora al lavoro.

3. Rispondi alle domande, come nell'esempio.

1 Quali sono i libri di Giovanni?
Ecco i suoi libri.
2 Quali sono i regali di Silvano e Stefania?
....
3 Qual è la casa dei genitori di Elisa?
....
4 Qual è la tua bicicletta?
....
5 Quali sono i vostri figli?
....
6 Quali sono gli amici di Mattia?
....

LEZIONE 3 SINTESI

Strategie di apprendimento

Comprensione globale

Questa tecnica consiste nel leggere velocemente o ascoltare un testo per comprendere l'idea principale, senza cercare di capire tutte le informazioni.

1. Abbina le informazioni sui film ai riassunti. Hai 2 minuti di tempo.

HARRY POTTER E LA CAMERA DEI SEGRETI

1

IL RITORNO DI SANDOKAN

2

ALIEN

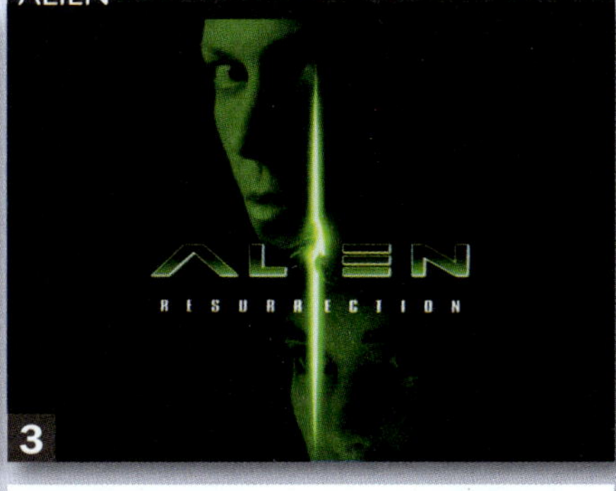

3

Origine: Stati Uniti ●★★★★
Genere: Fantascienza
Durata: 115'
Regia: Ridley Scott
Attori: S. Weaver, T. Skerrit, H.D. Stanton

Un essere mostruoso entra nell'astronave Nostromo. Qui causa terrore e morte tra l'equipaggio. Sopravvive solo il tenente Ripley con il suo gatto. È lei cha manda nuovamente la creatura nello spazio per poi tornare sana e salva sulla Terra.

a

Origine: Stati Uniti ●★★★
Genere: Fantastico
Durata: 160'
Regia: Chris Columbus
Attori: Daniel Radcliffe (Harry Potter), Emma Watson (Hermione Granger), Kenneth Branagh (Gilderoy Lockhart)

Harry Potter è nella sua stanza con uno strano essere: un elfo chiamato Dobby che gli dice di stare attento perché corre grandi pericoli e di non tornare ad Hogwarts in settembre. Harry decide di non ascoltarlo e torna nell'edificio scolastico, dove ci sono strane, inquietanti atmosfere, a causa della apertura della Camera dei Segreti. Solo dopo la scoperta di un diario e grazie all'aiuto di un fantasma, Harry trova la forza di entrare nella Camera dei Segrati e scontrarsi con il mostro.

b

Origine: Italia ●★★
Genere: Avventura
Durata: 180'
Regia: Enzo Castellari
Attori: Kabir Bedi, Vittoria Belvedere, Franco Nero, Romina Power, Fabio Testi

Il vecchio amico Yanez (compagno della regina Surama dell'Assam) chiama Sandokan. L'eroe ritorna dal suo esilio e accetta di combattere a fianco del suo amico per proteggere il regno dell'Assam, attaccato dal potente Raska e dall'inglese James Guilford, aspirante governatore di quelle terre.

c

....

....

....

2. A coppie, scegliete uno dei tre film e a turno spiegate il contenuto.

3. Ora, racconta ai tuoi compagni la storia di un film che ti è piaciuto.

LEZIONE 3 CIVILTÀ »»

Gli orari in Italia

1. In Italia gli orari e i giorni di apertura dei luoghi pubblici cambiano leggermente da città a città, ma in generale le differenze non sono troppe. Osserva bene le immagini e rispondi alle domande che seguono.

1 A che ora aprono e chiudono le banche in Italia?

....

2 Sono aperti i negozi in Italia la domenica?

....

3 Qual è, in generale, il giorno di chiusura di musei, monumenti, ecc.?

....

4 I ristoranti e i bar sono aperti tutti i giorni della settimana?

....

5 Quando sono aperti gli uffici postali?

....

2. E nel tuo paese quali sono gli orari di bar, banche, musei, negozi, supermercati, ecc.? Chiedi anche ad alcuni tuoi compagni e decidete dove gli orari sono migliori per i cittadini.

Esempio: - A che ora aprono e chiudono le banche in Germania/Francia/Gran Bretagna, ecc.?
- I musei sono aperti ogni giorno nel tuo paese?
- La domenica sono aperti i supermercati?

Chi sono i cittadini? Sono solo gli abitanti di una città?

PROGETTO

1. **Porta a scuola immagini con gli orari di apertura e chiusura dei negozi, uffici e musei della tua città e incollale nel quaderno.**

2. **Intervista delle persone e chiedi quali orari vanno bene per i negozi della loro città.**

TEST

1 Associa correttamente domanda a risposta. ..... / 7

1 - Quando vai a letto di solito?
2 - Quanti ne abbiamo oggi?
3 - Che ore sono?
4 - A che ora ti svegli?
5 - Che orario ha il supermercato?
6 - In quale giorno i negozi alimentari sono chiusi?
7 - Che giorno è oggi?

a - Dalle nove alle diciannove e trenta.
b - Sabato.
c - Dopo mezzanotte.
d - Alle sette.
e - La domenica e qui anche il giovedì pomeriggio.
f - È il dieci dicembre.
g - Le undici e un quarto.

2 Controlla l'orario di alcuni treni tra Venezia e Roma e rispondi alle domande. Scrivi i numeri in cifre (7, sette). ..... / 4

ORARIO DEI TRENI VENEZIA-ROMA	9443 **ES** 1 e 2	2235 **IR** 1 e 2	9445 **ES** 1 e 2	31 **EC** 1 e 2	9447 **ES** 1 e 2	2243 **IR** 1 e 2
Venezia	12.30	13.10	14.30	16.04	16.30	17.10
Mestre	12.42	13.22	14.42	16.17	16.42	17.22
Padova	13.00	13.44	15.00	16.35	17.00	17.44
Monselice		14.03				18.03
Rovigo	13.26	14.17	15.26	17.01	17.26	18.16
Ferrara	13.45	14.37	15.45	17.20	17.45	18.37
Bologna	14.19	15.10	16.19	17.55	18.19	19.10
Firenze	15.20	16.27	17.20	18.59	19.20	20.49
Roma Termini	17.05	18.30	19.05	21.15	21.05	22.35

1 Abiti a Venezia; domani devi lavorare a Rovigo dalle 14 alle 15 poi vai a Roma, dove hai una cena con gli amici alle 21 e poi ti fermi per il weekend. Quali treni prendi?

....

2 Laura abita a Ferrara, ma studia all'Università di Bologna. La sua casa è a circa mezz'ora dalla stazione ferroviaria. A che ora deve uscire di casa per essere a Bologna verso le 16.30? Quale treno deve prendere?

....

3 Stefano e Laura vivono a Padova, ma lui lavora a Venezia. Ogni giorno Laura quando finisce di lavorare, alle 17.00, corre subito alla stazione a prendere Stefano per tornare a casa insieme. Secondo te, a che ora parte Stefano da Venezia?

....

4 Le sigle dei treni corrispondono a "Eurostar", i più cari; "Eurocity", un po' meno cari; "Interregionali", i meno cari di tutti. Lucia ha pochi soldi, ma vuole andare a Firenze a trovare Giacomo e cenare con lui; lei abita a Bologna: quale treno prende?

....

3 Completa il testo con i verbi indicati, come nell'esempio. ..... / 12

Laura e Gino ....si svegliano.......... sempre alle sette. Lei .... subito la doccia, lui invece .... il caffè.
Poi .... colazione insieme. Mentre Gino .... Laura rifà il letto e .... poi, verso le otto, ... insieme.
Laura lavora all'ospedale come medico. Spesso la sera torna a casa tardi, ma il suo lavoro le piace molto. Gino invece è architetto e di solito la mattina .... sua moglie al lavoro.
Poi .... nello studio dove lavora con altri due colleghi. Qualche volta, se Laura ha tempo, ... insieme in una trattoria vicino all'ospedale.
Gino .... di lavorare verso le cinque. Arriva sempre a casa prima di sua moglie, verso le sette, e prepara la cena. Ha la passione della cucina ed è un cuoco molto bravo.
A volte .... amici e spesso il fine settimana .... al cinema o a qualche concerto, soprattutto di jazz o blues.

svegliarsi | andare (x2) | preparare | finire | lavarsi | fare (x2) | accompagnare | vestirsi | uscire | pranzare | invitare

4 Metti gli articoli e gli aggettivi dimostrativi. ..... / 9

1	il	questo	quel	quaderno	6				amica
2				ufficio	7				università
3				studente	8				letto
4				città	9				anno
5				scuola	10				animale

5 Crucinumero. Questa volta non devi inserire parole ma numeri, e più precisamente le ore. Devi scriverle in quattro cifre: ad esempio, le 7 del mattino vanno scritte 0700, le 7 di sera sono le 1900. ..... / 8

ORIZZONTALI
1 Sono le 9 e 10 di sera.
5 Manca un quarto alle 4 del mattino.
6 Manca un quarto a mezzogiorno.
7 Sono le 5 e 5 del mattino.

VERTICALI
1 Sono le 8 e 10 della sera.
2 È pomeriggio ed è l'una e un quarto.
3 Mancano 20 minuti alle 3 del pomeriggio.
4 Devo alzarmi presto, alle 6 meno 5.

	1	2	3	4
1				
5				
6				
7				

Totale: ..... / 40

REVISIONE & AMPLIAMENTO »

FUNZIONI »

1. Scegli il verbo e scrivi l'azione che vedi nei disegni.

1

- a svegliarsi
- b fare colazione
- c lavorare
- d pranzare

Io ....

2

- a lavarsi
- b guardare la tv
- c finire di lavorare
- d fare colazione

Io ....

3

- a cenare
- b alzarsi
- c lavorare
- d fare colazione

Io ....

4

- a alzarsi
- b pranzare
- c cenare
- d fare la doccia

Io ....

5

- a andare a letto
- b pranzare
- c finire di studiare
- d studiare

Io ....

6

- a svegliarsi
- b cenare
- c guardare la tv
- d andare a letto

Io ....

LESSICO»

2. Metti in ordine da *sempre* a *mai* gli avverbi di frequenza.

....	di solito
....	raramente
....	sempre
....	spesso
....	quasi sempre
....	a volte
....	mai

3. Cruciverba sui giorni della settimana.

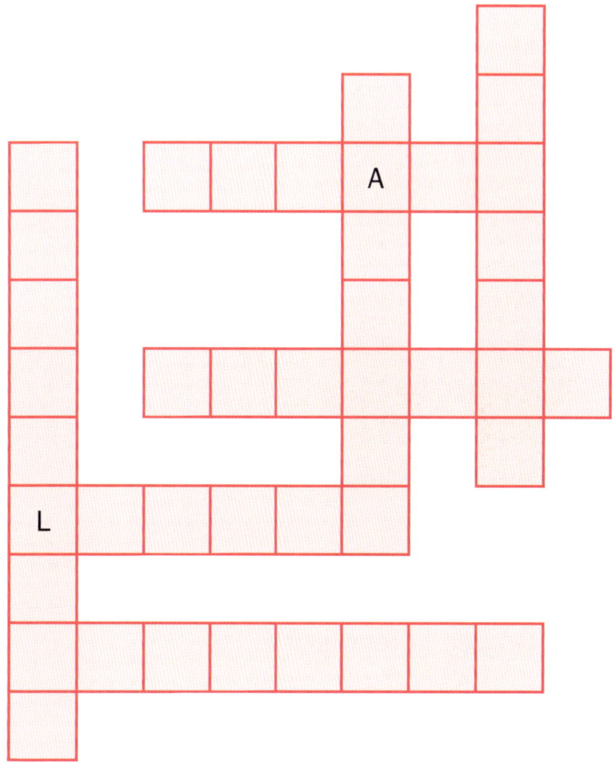

4. In questa tabella trovi 7 avverbi di frequenza: quali?

Q	A	U	T	R	A	S	B	U	D	S
U	U	A	A	V	O	L	T	E	A	N
A	M	F	S	A	D	B	T	H	P	S
S	I	L	S	P	C	N	R	N	O	E
I	D	O	F	N	E	F	H	V	L	M
M	A	I	A	M	N	S	N	S	C	P
A	H	I	A	H	M	B	S	A	H	R
I	B	R	O	R	T	V	P	O	F	E
I	A	I	L	C	H	C	O	C	V	D
R	F	L	D	I	S	O	L	I	T	O
Z	V	N	O	L	P	N	M	G	N	I

1 ....
2 ....
3 ....
4 ....
5 ....
6 ....
7 ....

RIFLESSIONE GRAMMATICALE»

5. Aggiungi un avverbio di frequenza alle frasi.

1 Mi sveglio tardi.
....
2 Prendo l'autobus per andare a casa.
....
3 Mi riposo dopo pranzo.
....
4 Prima di addormentarmi leggo un po'.
....
5 Vado a teatro.
....
6 Cucino.
....
7 Faccio colazione.
....
8 Guardo la televisione.
....

6. Rispondi alle domande, come nell'esempio.

1 Quali sono i figli di Giulia?
Ecco i suoi figli.
2 Qual è l'auto dei nonni di Maria?
....
3 Qual è la tua borsa?
....
4 Quali sono i loro disegni?
....
5 Quali sono i vostri amici?
....
....
....

7. Scrivi le forme singolari dei verbi riflessivi.

chiamarsi	io	Camillo.
	tu	
	lui	
svegliarsi	io	sempre alle 7.
	tu	
	lui	
lavarsi	io	spesso con acqua fredda.
	tu	
	lui	
alzarsi	io	raramente dopo le 7.30.
	tu	
	lui	

8. Scrivi le forme plurali dei verbi riflessivi.

chiamarsi	noi	Camillo e Sandra.
	voi	
	loro	
svegliarsi	noi	sempre alle 7.
	voi	
	loro	
lavarsi	noi	spesso con acqua fredda.
	voi	
	loro	
alzarsi	noi	raramente dopo le 7.30.
	voi	
	loro	

LETTURA»

9. Leggi la scheda del film e completa la tabella che segue.

Caterina va in città

Regia: Paolo Virzì
Sceneggiatura: Francesco Bruni, Paolo Virzì
Scenografia: Tonino Zera
Fotografia: Arnaldo Catinari
Montaggio: Cecilia Zanuso

Anno: 2003
Durata: 90'
Genere: commedia

La famiglia Iacovoni va a vivere a Roma da un paese della provincia. Giancarlo è un insegnante di scuola superiore deluso e depresso che in casa riempie di complessi di ogni tipo la moglie provinciale Agata e spinge la figlia Caterina a diventare amica delle compagne della classe che vengono da famiglie ricche e potenti.
La ragazzina si sente persa e due compagne, Margherita e Daniela, cercano di conquistare la sua amicizia; la prima è figlia di una scrittrice e di un noto intellettuale, la seconda di un importante membro del governo. In realtà nessuna delle due diventa realmente amica di Caterina e i problemi continuano ad aumentare…
Il film è un ritratto duro dell'Italia degli anni 2000 e rappresenta la realtà di varie generazioni.

1 Titolo ....
2 Regista ....
3 Anno ....
4 Nazionalità ....
5 Genere ....

10. Adesso rispondi alle domande.

1 Chi è la protagonista del film?
2 In quale città si trova?
3 Perché la protagonista è in questa città?
4 Cosa le succede a scuola?
5 Quale periodo della storia dell'Italia è presentato?
6 Quale mondo è descritto?
7 È un film divertente?

CIVILTÀ»

11. **Osserva queste foto.**

In Italia, in generale, i nomi delle vie, delle piazze ricordano persone e date famose della storia nazionale, nomi di altre città, spesso importanti, nomi presi dalla geografia, nomi di santi o altri motivi religiosi. Sai:

1 Chi è Garibaldi?
2 Chi è Dante?
3 Cosa ricorda il XXV aprile?
4 Che cosa è il Po?
5 Che cosa è Trieste?
6 Chi è San Martino?

Scegli tra le seguenti possibilità.

a Un famoso musicista.
b Un uomo politico, ha reso possibile l'unità d'Italia.
c Una regione italiana.
d Il fiume italiano più lungo.
e La data dell'unificazione dell'Italia.
f La data della liberazione dai fascisti e dai nazisti nel 1945.
g Un famoso letterato.
h Un santo.
i Una città.

1	....
2	....
3	....
4	....
5	....
6	....

E nel tuo paese da che cosa prendono i nomi le strade?

Di solito la parola **1 viale** indica una strada molto grande con alberi, **2 il corso** è una strada cittadina grande e molto frequentata, **3 la via** è una strada normale, **4 il borgo** è di solito nel centro della città ed è una strada piccola, **5 la piazza** è un grande spazio, spesso con monumenti, dove si incontrano varie strade.

PERCORSO 7 › IL CIBO, AL RISTORANTE

LEZIONE 1 GLOBALITÀ

1. Pensa al tuo piatto preferito e guarda i disegni. Quali di questi prodotti ci sono nel tuo piatto?

2. Ora, presenta il tuo piatto a un compagno.

3. Guarda i disegni. Quali prodotti mancano? Abbina i nomi ai disegni.

1 cipolle 2 latte 3 prosciutto 4 zucchero
5 uova 6 patate 7 burro 8 mela 9 vino
10 birra 11 olio 12 pera 13 farina 14 pomodori
15 insalata 16 aceto 17 aglio 18 sale
19 carne 20 pane 21 formaggio

4. Ora, completa la tabella con alcuni prodotti.

un chilo di	un litro di	una botiglia di	una scatola di	un pacchetto di
....	....	....	....	....
....	....	....	....	....
....	....	....	....	....
....	....	....	....	....
....	....	....	....	....
....	....	....	....	....

5. CD 1 - tr. 50 Ascolta il dialogo e, leggendo il testo, trova le differenze.

Claudio: Oggi devo andare io a fare la spesa, vero?
Mamma: Sì, tocca a te.
Claudio: Di cosa abbiamo bisogno?
Mamma: Non c'è quasi niente in casa.
Claudio: È vero il frigo è quasi vuoto. Allora: latte, uova, yogurt, burro... no, il burro c'è.
Mamma: Uh, che bravo! Stai diventando un uomo! Compra anche mezzo chilo di carne di manzo per fare delle fettine... E un pollo. Ah, anche uno o due etti di prosciutto e un melone.
Claudio: Nient'altro?... Io vorrei un po' di gelato al cioccolato.
Mamma: D'accordo e se viene qualche tuo amico di scuola?... Compra anche qualcosa da bere, se avete sete... Non so, una bottiglia di tè alla pesca. Ah, ci vogliono anche due scatole di tonno e tre di fagioli.
Claudio: Posso andare adesso?
Mamma: Sì, ma non dimenticare la rivista per il papà!
Claudio: Ciao. Ah, e i soldi? Di quanti soldi ho bisogno?
Mamma: Tieni. Ecco 50 euro!

100 grammi = un etto

200 grammi = due etti

LEZIONE 1 ANALISI »»

1. Quante cose da mangiare conosci? Prova a completare gli schemi.

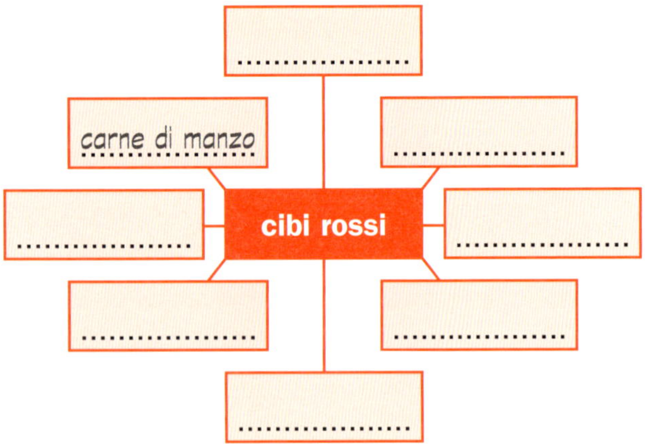

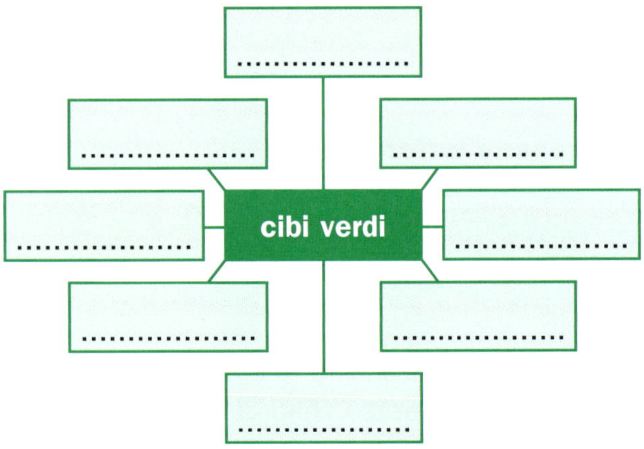

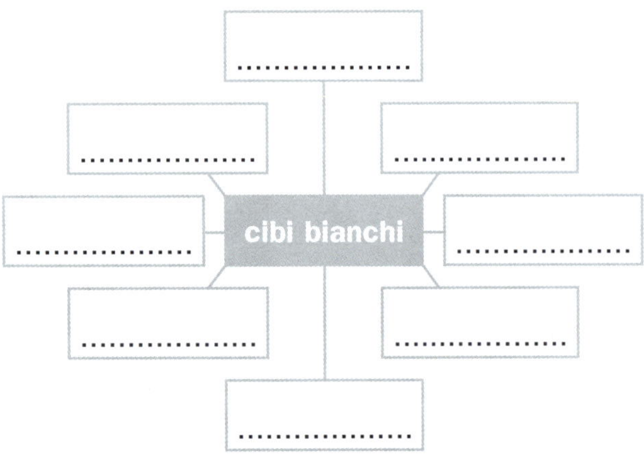

› nomi irregolari

- Non cambiano al plurale:

- i nomi con una sola sillaba:

singolare	plurale
il re	i re

- i nomi che terminano con una vocale accentata:

singolare	plurale
la città	le città
la virtù	le virtù
il caffè	i caffè

- i nomi di origine straniera:

singolare	plurale
l'autobus	gli autobus
il bar	i bar
il computer	i computer
il film	i film
lo sport	gli sport

- i nomi che terminano in ***-i***:

singolare	plurale
l'analisi	le analisi
la crisi	le crisi
la sintesi	le sintesi

- Alcuni nomi sono usati solo al singolare:
  - la frutta
  - la gente

- La gente ama le lasagne!

- Ci sono molti plurali irregolari:

singolare	plurale
l'uomo	gli uomini

- Alcune parole che conosci terminano in ***-co***, ***-ca***, ***-go***, ***-ga*** e hanno il plurale a volte diverso dal singolare:

singolare	plurale
ami**co**	ami**ci**
ami**ca**	ami**che**
medi**co**	medi**ci**
meccani**co**	meccani**ci**
psicolo**go**	psicolo**gi**

- Nomi in ***-io***:

singolare		plurale	
-io	**l'**esemp**io** **il** fig**lio** **il** macella**io**	**-i**	**gli** esemp**i** **i** fig**li** **i** macella**i**
-ìo (con l'accento sulla **i**)	**lo** z**ìo**	**-ii** (con l'accento sulla **i**)	**gli** z**ìi**

2. Metti gli articoli e il plurale dei nomi.

1 ...l'... esempio ...gli esempi...
2 .... abilità ....
3 .... re ....
4 .... bacio ....
5 .... bidè ....
6 .... foto ....
7 .... zio ....
8 .... psicologo ....
9 .... idraulico ....
10 .... computer ....
11 .... problema ....
12 .... negozio ....

3. Completa le frasi con i nomi del riquadro. Attenzione: i nomi del riquadro sono al singolare.

1 Nella fabbrica dei miei ......zii...... costruiscono delle macchine molto moderne.
2 Per Natale vorrei comprare due ...., uno per me e uno per mia moglie.
3 Al Motor Show a Bologna ci sono delle .... bellissime.
4 Vorrei scrivere a Luis e Pamela, hai i loro ....?
5 Le .... di italiano sono molto allegre.
6 In questi giorni al cinema ci sono due .... che vorrei vedere.
7 Studiare nelle .... italiane può essere interessante, ma anche difficile.
8 I nuovi .... della ditta di mio padre sono al terzo piano di un bel palazzo in centro.

zio lezione indirizzo ufficio orologio università film moto

LEZIONE 1 SINTESI

1. Sei un bravo cuoco o una brava cuoca? Scrivi la lista di ingredienti necessari per una ricetta tipica del tuo paese. Usa il dizionario se necessario.

....
....
....
....

2. Ora, a coppie parlate degli ingredienti delle vostre ricette. A turno, cercate di indovinare di cosa avete bisogno per preparare la ricetta del vostro compagno.

LEZIONE 2 GLOBALITÀ »»

1. Al ristorante! Completa il menù del Ristorante *La Torre*.

- zucchini, melanzane e peperoni alla griglia
- pollo ai funghi
- fritto misto di pesce
- spinaci
- carciofi alla diavola
- gelato della casa
- birra
- caffè
- zuppa di verdure
- bibite gasate
- salsicce ai ferri
- antipasto di pesce
- arrosto di maiale
- torta di frutta fresca
- lasagne
- pasta e fagioli
- tè
- insalata mista
- carne alla griglia
- acqua minerale
- patate fritte
- mousse al cioccolato
- salumi misti
- penne all'arrabbiata
- vini rossi e bianchi italiani
- spaghetti al ragù
- patate arrosto
- merluzzo con cipolle

Ristorante
La Torre

MENU

antipasti:
....
....
....

primi piatti:
....
....
....
....
....

secondi piatti:
....
....
....
....
....
....

contorni:
....
....
....
....
....
....
....

dolci:
....
....
....

bevande:
....
....
....
....

2. CD 1 - tr. 51 Ascolta la conversazione e indica quali piatti ordinano Claudio e Anne.

....
....
....
....
....
....
....
....
....

3. Ora, leggi e riordina prima la parte A della conversazione, poi la B e infine la C.

A: ☐☐☐

1 - Buonasera. Sì, c'è un tavolo libero?
2 - Sì, di fianco a quella pianta... Prego, se volete, potete sedervi, il menù è sul tavolo.
3 - Buonasera. Siete in due?

B: ☐☐☐☐☐☐☐☐☐☐☐☐☐☐☐

1 - Acqua minerale per me, per favore.
2 - Vorrei dell'acqua minerale.
3 - Scusate, di chi sono queste chiavi? Sono vostre?
4 - Ah, sono mie, grazie.
5 - Volete ordinare?
6 - Sì, allora, per me un piatto di risotto ai funghi e **della carne alla griglia**.
7 - E di contorno?
8 - E da bere? Cosa vuoi?
9 - Vorrei dell'insalata mista.
10 - E tu, cosa vorresti mangiare?
11 - Un antipasto di mare e un piatto di penne all'arrabbiata.
12 - E da bere?
13 - Vorrei un antipasto e un primo.
14 - Cosa vorresti mangiare?
15 - Per me una coca-cola, per favore.

Alla scoperta della lingua

Si sa quanta carne ordina il cliente?
Della indica una quantità indeterminata.
Leggi il testo della conversazione e trova altri esempi dove *del/dello/della/dell'/dei/degli/delle* sono usati allo stesso modo.

C: ☐☐☐☐☐

1 - Le mie penne erano buonissime.
2 - Per me un gelato al cioccolato e alla crema, per favore.
3 - Cameriere, il conto per favore.
4 - Volete un dolce, un po' di frutta?
5 - Per me del gelato al cioccolato. Vorresti un dolce anche tu?

4. CD 1 - tr. 52 **Ascolta nuovamente la conversazione e controlla il tuo ordine.**

5. Lavora con due compagni. Fate una conversazione simile, usando il menù del Ristorante *La Torre*.

LEZIONE 2 ANALISI »»

› esprimere un desiderio e offrire

volere
vorrei **vorresti** **vorrebbe** **vorremmo** **vorreste** **vorrebbero**

- *Vorrei/vorresti/*ecc. si usano per esprimere un desiderio o fare una richiesta **(1)** e per offrire **(2)** in modo gentile.

  (1) Vorrei un piatto di spaghetti alla bolognese, per favore.
  (2) Cosa vorrebbe bere?

1. Cosa dici in questi casi?

1 Al ristorante un cameriere ti chiede cosa vuoi mangiare. Cosa ti dice?
Cosa vorrebbe mangiare? ....
....

2 Sei dal macellaio, vuoi un chilo di carne di manzo.
....
....

3 Sei in pizzeria. Ordini una pizza margherita.
....
....

4 Al ristorante un cameriere chiede a te e alla tua ragazza cosa volete mangiare. Cosa vi dice?
....
....

5 Chiedi al tuo amico John se vuole venire al cinema con te.
....
....

6 Sei al bar con tua madre. Ordini un caffè e un tè.
....
....

› del/dello/della/dell'/dei/degli/delle

- Nella figura 1 ***degli*** si usa per indicare una quantità indeterminata.

Osserva gli esempi:
- Ho **uno** studente molto bravo.
- Ho **degli** studenti molto bravi.

- Nella figura 2 ***dello*** si usa per indicare una quantità indeterminata con nomi che non hanno di solito il plurale.

2. Completa le espressioni con *un/uno/una/del/dello/della/dell'/dei/degli/delle.*

1 delle .... uova
2 .... spaghetti
3 .... acqua minerale
4 .... cipolla
5 .... pomodoro
6 .... formaggio
7 .... carciofi
8 .... gelato
9 .... pizza
10 .... mela
11 .... olio
12 .... patate fritte

3. **Osserva la figura per due minuti, poi scrivi quello che ricordi.**

1 ....
2 ....
3 ....
4 ....
5 ....
6 ....
7 ....
8 ....
9 ....
10 ....

LEZIONE 2 SINTESI

Strategie di apprendimento

Comprensione selettiva

Questa tecnica consiste nel leggere un testo alla ricerca di informazioni specifiche.

1. **La mamma di Claudio sta preparando una festa di fine anno scolastico per gli amici di Claudio. Due ragazzi non mangiano carne di maiale. Leggi le tre ricette e trova quella che non va bene perché contiene questo tipo di carne. Hai tre minuti di tempo.**

a FA CALDO, RINFRESCHIAMOCI: RISO PRIMAVERA

La preparazione

Mettete una pentola piena d'acqua sul fuoco; appena l'acqua comincia a bollire bene, versate due manciate di sale grosso e il riso. Lasciate cuocere senza coperchio per 15 minuti e, dato che la cottura dipende dalla qualità del riso, dopo 10 minuti controllate. Togliete il riso dal fuoco "al dente", cioè a chicco sodo e un po' crudo. Per fermare la cottura, versate sul riso dell'acqua fredda. Scolate il riso e "asciugatelo" in un tovagliolo pulito; quindi mettetelo in una zuppiera. Intanto tagliate a pezzi piccoli, ma non invisibili, tutti gli ingredienti, tranne il limone e il prezzemolo. Aggiungete un po' di sale fino, l'olio e il sugo di limone. Mescolate e distribuite sopra il riso. Coprite la zuppiera e mettete in fresco per qualche ora. Un'ora prima di portare in tavola aggiungete anche il basilico e il prezzemolo tritati.

b UN INVITO AL MARE: FRITTELLE DI GAMBERI

La preparazione

In una tazza mescolate insieme gamberi, farina, polvere di peperoncino e tutti gli ingredienti tritati. Mescolate l'uovo leggermente sbattuto. Gradatamente aggiungete latte, mescolate e rendete denso. Aggiungete il sale. Quando l'olio è molto caldo cominciate a friggere, versando poco alla volta con un cucchiaio pieno. Quando la frittura diventa giallo oro, asciugate le frittelle con della carta assorbente. Presentate le frittelle a forme diverse e servitele calde con salsa di peperoncino o pomodoro.

C

ANTIPASTO ALLA CREMA DI LATTE

La preparazione

Sbucciate i cetrioli e tagliateli a fettine sottilissime, metteteli in uno scolatoio e spargete sopra del sale fino. Lasciateli riposare per circa 2 ore perché perdano più acqua possibile. Poi lavateli, strizzateli un po' con le mani e avvolgeteli in un tovagliolo in modo che si asciughino bene. A parte, in una tazza, mescolate l'olio e l'aceto. Aggiungete, un po' alla volta, la crema di latte, il sale e il pepe. Su un piatto leggermente concavo mettete i cetrioli, il prosciutto tagliato a striscioline sottili e coprite il tutto con il condimento preparato. Cospargete di prezzemolo tritato finissimo e guarnite con spicchi di uovo sodo.

Strategie di apprendimento

Quanto hai capito?

Il 10%, il 30%, il 50%?

È abbastanza per rispondere alla domanda iniziale?

Spesso non è importante capire tutte le parole e le informazioni.

2. Ora, leggi le liste degli ingredienti e abbinale alle ricette.

1

Ingredienti per 4 persone:
- 250 g. di gamberetti teneri cucinati e tagliati finemente
- 220 g. di farina bianca
- 1/4 di cucchiaino di polvere di peperoncino
- 2 cipolle piccole tritate
- 1 testa d'aglio spaccata e tritata
- 2 rametti di menta tritati
- 1 uovo
- latte
- sale
- olio in quantità sufficiente per friggere
- salsa di pomodoro

2

Ingredienti per 4 persone:
- 1 dl. di crema di latte fresca
- 20 g. di prezzemolo
- 4 cetrioli
- un uovo sodo
- 80 g. di prosciutto cotto
- 1 cucchiaio di aceto
- 5 cucchiai di olio extra vergine di oliva
- sale e pepe

3

Ingredienti per 4 persone:
- 200 g. di riso
- 1 pomodoro maturo
- 100 g. di tonno in scatola
- 5 filetti d'acciuga
- 10 g. di capperi
- 3 cetriolini sott'aceto
- 100 g. di piselli freschi
- qualche pezzetto di peperone sott'olio di diverso colore
- 1 carota piccola
- un po' di prezzemolo
- qualche foglia di basilico o di menta
- 1 limone
- tre cucchiai di olio
- sale

....

LEZIONE 3 GLOBALITÀ

1. **A coppie, guardate le foto. Secondo voi, cosa sta succedendo?**

2. CD 1 - tr. 53 **Ascolta il dialogo. Le vostre ipotesi sono giuste?**

3. CD 1 - tr. 54 **Ascolta nuovamente due battute del dialogo e completa le frasi.**

- Cameriere: Scusate, ... sono queste chiavi? Sono ....?

- Ragazza: Ah, sì, sono ...., grazie.

Alla scoperta della lingua

Sottolinea la domanda corretta.

1) - Con chi è questa penna?

2) - A chi è questa penna? → - È di Maurizio.

3) - Di chi è questa penna?

LEZIONE 3 ANALISI

› i pronomi possessivi

● **Osserva gli esempi:**

- Di chi è quella casa? È di Roberto?
- Sì, è sua.

Nel caso di risposte brevi di solito non si mette l'articolo davanti al pronome possessivo.

- Quella casa è tua?
- No, non è mia, è di mio fratello.

Nelle domande in cui il pronome possessivo segue il verbo *essere* non si mette l'articolo.

Una "quasi" regola per aiutarti a non sbagliare:
se c'è l'articolo nella domanda si ripete nella risposta!

- Questa è **la** vostra camera?
- No, non è **la** nostra.

1. Rispondi alle domande.

1 - Di chi è quella macchina? È di Luca?
- Sì, è sua ....
2 - Di chi sono quei libri? Sono di Stefania?
- No, ...
3 - Di chi è quel ristorante? È di Salvatore e della sua famiglia?
- Sì, ...
4 - Di chi è questo computer? È tuo e di tua moglie?
- No, ...
5 - Di chi è quel cane? È tuo?
- No, ...
6 - Quelle giacche sono nostre?
- No, ...
7 - Questa penna è tua?
- Sì, ...
8 - Questa camera è vostra?
- No, ...

2. Rispondi alle domande.

1 - Questa bicicletta è di Jorge?
- No, non è la sua. La sua è verde.
.... (*verde*).
2 - Questo è il ristorante di Roberto e Emilio?
- No, ...
.... (*vicino alla banca*).
3 - Quella è la tua ragazza?
- No, ...
....
.... (*di Giuseppe; i capelli biondi*).
4 - Quelli sono i vostri figli?
- No, ...
.... (*dei nostri vicini*).
5 - Quella è la vostra casa o la casa di Paolo?
- ....
....
6 - Di chi sono la pizza ai quattro formaggi e la margherita? Di Carmela e Pasquale?
- No, ...
.... (*alle verdure*).

›numeri ordinali

- I numeri ordinali si comportano come gli aggettivi.

25	venticinquesimo
24	ventiquattresimo
23	ventitreesimo
22	ventiduesimo
21	ventunesimo
20	ventesimo
19	diciannovesimo
18	diciottesimo
17	diciassettesimo
16	sedicesimo
15	quindicesimo
14	quattordicesimo
13	tredicesimo
12	dodicesimo
11	undicesimo
10	decimo
9	nono
8	ottavo
7	settimo
6	sesto
5	quinto
4	quarto
3	terzo
2	secondo
1	primo

3. Scrivi i numeri in lettere.

1 Mia sorella abita al 2° piano.
secondo ....

2 Vedi quella finestra al 4° piano?
....

3 È la 20^{a} volta che ti dico di aspettarmi!
....

4 Il mio ragazzo è arrivato al 27° posto nella gara di ieri.
....

5 È esattamente la 42^{a} telefonata che ricevo oggi.
....

6 Sono le 12e elezioni del dopoguerra.
....

7 C'è scritto 38°?
....

8 Questo è il 6° paio di calze che rompo questa settimana.
....

LEZIONE 3 SINTESI »

1. CD 1 - tr. 55 **Ti piace inventare storie? Ascolta la storia raccontata da una persona intervistata. Di che cibi parla?**

2. CD 1 - tr. 56 **Ascolta nuovamente la storia e indica se le affermazioni sono vere o false.**

		vero	falso
1	La persona che parla sta facendo una trasmissione radiofonica.	☐	☐
2	Sta facendo un'indagine su quello che mangiano i boliviani.	☐	☐
3	Vuole importare pane in Bolivia.	☐	☐
4	Preferisce il cibo boliviano al cibo italiano.	☐	☐

3. **A coppie, inventate una storia ciascuno.**

La storia di **A** comincia con una frase contenente "concerto rock" e finisce con una contenente l'espressione "acqua minerale". La storia di **B** comincia con "vino rosso" e finisce con "cioccolato". **A** e **B** devono usare almeno 5 parole relative al cibo.

4. **Sei pronto per scrivere la tua storia? Hai 20 muniti per farlo.**

5. **Ora, a gruppi di quattro, a turno, leggete le vostre storie e scegliete la migliore.**

....
....
....
....
....
....
....
....
....
....
....
....
....
....
....
....
....
....
....
....
....
....
....

LEZIONE 3 CIVILTÀ

I pasti degli italiani

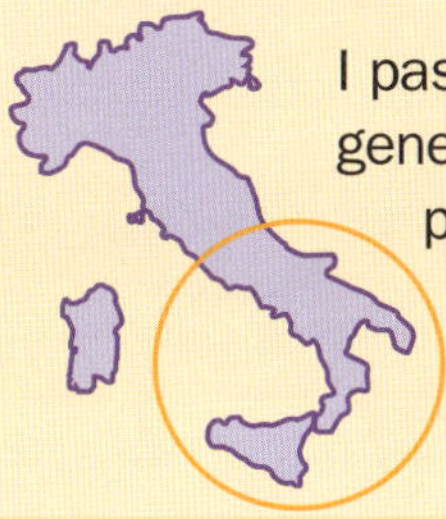

I pasti al Sud, generalmente, si consumano più tardi, mentre in estate si cena più tardi in tutta l'Italia.

1 La pasta

2 La pasta/le paste

La colazione

È il primo pasto della giornata e in generale si fa tra le 7 e le 8 a casa. La tradizionale colazione italiana è composta da tè, caffè o caffelatte con biscotti oppure un dolce (una fetta di torta, brioche, ecc.) o pane, burro e marmellata. In questi ultimi anni sono entrati nella colazione italiana i cereali e lo yogurt, ma, almeno per il momento, non sembra una pratica molto diffusa.
Molte persone hanno l'abitudine di fare colazione al bar con il tipico cappuccino e brioche.

Il pranzo

Il pranzo si consuma di solito dalle 12.30 alle 13.30. Fino a non molti anni fa il pranzo in famiglia, insieme alla cena, era un momento molto importante nella giornata degli italiani. Ora, con le nuove abitudini di vita, sta perdendo importanza, molte persone pranzano alle mense nei luoghi di lavoro oppure, per mancanza di tempo, si consuma un panino fuori casa. Chi pranza ancora in famiglia di solito mangia un primo piatto a base di pasta, un secondo a base di carne, pesce o uova con un contorno di verdure.
Per finire, la frutta e non può mancare il caffè.

La cena

La cena è ancora un momento importante nella vita degli italiani ed è il pasto principale della giornata. Tutta la famiglia si ritrova a tavola verso le 7.30-8.00 e si mangia senza fretta, parlando e discutendo.
Il menù è molto simile a quello del pranzo in famiglia.

PROGETTO ›››

1. Adesso prova a riempire la tabella con le informazioni della pagina precedente.

	colazione	pranzo	cena
A che ora?	....	....	....
Dove?	....	....	....
Cosa si mangia?	....	....	....
	....	....	....
	....	....	....
Con chi?	....	....	....

Lo spuntino

È un pasto molto leggero che si consuma tra i pasti principali, può essere costituito da un frutto, una merendina (dolce confezionato di vario tipo), un panino, un cappuccino.

La merenda

È il pasto di metà mattina o del pomeriggio dei bambini (dalle 4 alle 5). Tra compiti scolastici e giochi i bambini mangiano un panino, un gelato o una merendina.

2. Come sono i pasti nei vostri paesi? Sono come in Italia?
A piccoli gruppi rispondete a queste domande e provate a riempire la tabella.

paese		a che ora	dove	cosa	con chi
....	colazione	....	....	....	....
	pranzo	....	....	....	....
	merenda	....	....	....	....
	cena	....	....	....	....
....	colazione	....	....	....	....
	pranzo	....	....	....	....
	merenda	....	....	....	....
	cena	....	....	....	....

3. Trova il testo di una ricetta italiana e incollala sul quaderno.

4. Scrivi il menù ideale per il tuo pranzo di compleanno.

....

....

....

....

5. Gli italiani amano molto il caffè e in Italia ci sono vari modi di chiamarlo: associa con una crocetta le definizioni nella tabella.

	con molta acqua	con liquore	con poco latte	con poca acqua	con molto latte
caffè espresso					
cappuccino					
caffè macchiato					
caffè lungo					
caffè corretto					

E nel tuo paese come si dice? Confrontati con i tuoi compagni.

caffè espresso	....	....	....	....	....
cappuccino	....	....	....	....	....
caffè macchiato	....	....	....	....	....
caffè lungo	....	....	....	....	....
caffè corretto	....	....	....	....	....

TEST

1 Leggi gli ingredienti di queste ricette e completa la scheda. ..... / 6

Per preparare la "mozzarella con gli ortaggi" ti servono...

	del	dello	della	dell'	dei	degli	delle
pomodori					×		
mozzarella							
cipolla							
peperoni							
sedano							
zucchine							
carote							

Mozzarella con ortaggi
12 fette di pomodoro
12 fette di mozzarella
250 gr. tra cipolla, peperoni, sedano, zucchine, carote.

2 Associa le parole di ogni colonna per ottenere delle frasi con senso compiuto e scrivile, come nell'esempio. Ci sono più possibilità. ..... / 5

Io	vengono	sempre la spesa al mercato.
Voi	pranzate	spesso la sera con la sua ragazza.
I miei genitori	faccio	di una vacanza.
Io e Franco	hai bisogno	mai a lavorare il sabato.
Marco e Luisa	non va	da Milano, ma io preferisco vivere a Roma.
Lei	esce	raramente al cinema.
Il mio amico	andiamo	sempre al ristorante.
Tu	vivono	a Firenze da un anno.

3 Correggi gli errori. ..... / 5

1 una bottiglia di piselli
una scatola di piselli

2 un pacchetto di birra
....

3 una bottiglia di zucchero
....

4 una scatola di vino
....

5 un litro di pasta
....

6 un chilo di latte
....

4 Scrivi i numeri ordinali corrispondenti a quelli nei cerchi. ..... / 15

1 .... 6 .... 11 ....
2 .... 7 .... 18 ....
3 .... 8 .... 20 ....
4 .... 9 .... 22 ....
5 .... 10 .... 25 ....

5 Metti gli articoli e forma il plurale dei nomi. ..... / 13

1	...il... bar	...i...	......bar......
2	.... autobus	....	....
3	.... macellaio	....	....
4	.... zio	....	....
5	.... foto	....	....
6	.... psicologo	....	....
7	.... moto	....	....
8	.... uomo	....	....
9	.... crisi	....	....
10	.... virtù	....	....
11	.... amico	....	....
12	.... città	....	....
13	.... film	....	....
14	.... caffè	....	....

6 Associa i dialoghi alle vignette. Fa' attenzione, due vignette non c'entrano. ..... / 6

1 - Buongiorno, c'è un tavolo per due?
- Prego, accomodatevi pure. A destra, vicino alla finestra, va bene?

2 - Io di primo prendo un risotto di pesce. E tu Anna?
- Io preferisco una zuppa di verdure. La dieta...

3 - Perché non prendiamo anche due spaghetti alla carbonara?
- D'accordo. Poi di secondo per me solo un'insalata mista, grazie.

4 - È Paolo. Vuole sapere se ci vediamo dopo, verso le cinque...
- Per me va bene. Nel pomeriggio sono libero.

5 - Allora, ti piace questo ristorante?
- Sì, però scusa, mi sembra un po' troppo caro.

6 - Tutto bene Signori?
- Sì, grazie, però questo non è il mio conto!

1 .... 2 .... 3 .... 4 .... 5 .... 6 ....

a

b

c

d

e

f

g

h

Totale: ..... / 50

REVISIONE & AMPLIAMENTO »

FUNZIONI »

1. Completa le frasi e il cruciverba con le parole del riquadro.

- *Cameriere*: Buonasera. Siete in due?
- *Di Napoli*: Buonasera. Sì, avete un tavolo tranquillo dove **1** .... parlare di affari?
- *Cameriere*: Sì, di fianco a quella pianta. Prego, se **2** .... **3** .... sedervi, il menù è sul tavolo.
- *Sandro*: Hmm, io **4** .... un antipasto e un primo.
- *Di Napoli*: E da bere? Cosa **5** ....?
- *Sandro*: **6** .... dell'acqua.
- *Cameriere*: **7** .... ordinare?
- *Di Napoli*: Sì, allora, per me un piatto di risotto ai funghi e della carne alla griglia.
- *Cameriere*: E di contorno?
- *Di Napoli*: Sì, allora, **8** .... dell'insalata mista.
- *Cameriere*: E lei, cosa **9** .... mangiare?
- *Sandro*: Un antipasto di mare e un piatto di penne all'arrabbiata.
- *Cameriere*: E da bere?
- *Di Napoli*: Acqua minerale e una bottiglia di vino rosso della casa.

volete vorrei volete
vorrei vuoi possiamo
potete vorrei
vorrebbe

2. Metti in ordine il dialogo, segnando il numero di ogni battuta nel riquadro.

GIANNI

...... Posso andare adesso?
...... Di cosa abbiamo bisogno?
...... Ciao. Ah, e i soldi?
...... Oggi devo andare io a fare la spesa, vero?
...... Di 100 euro.
...... Non c'è quasi niente. Allora: latte, uova, yogurt, burro... no, il burro c'è. Birra, almeno 15 bottiglie di birra.
...... Nient'altro? Vino, whisky?

MARIA

...... Non lo so, guarda cosa c'è nel frigo.
...... Possibile che pensi solo a bere? Se hai sete, compra un pacchetto di tè. Ah, e due scatole di tonno e tre di fagioli.
...... Sì, ma non dimenticare il giornale!
...... Tieni. Di quanti soldi hai bisogno?
...... Sì, tocca a te.
...... Compra anche mezzo chilo di carne di manzo per fare delle fettine... E un pollo. Ah, io vorrei anche uno o due etti di prosciutto e un melone.

LESSICO»

3. Completa gli schemi con nomi di prodotti alimentari.

carne

- ....
- ....
- ....
- ....
- ....
- ....
- ....
- ....

frutta

- ....
- ....
- ....
- ....
- ....
- ....
- ....
- ....

altro

- ....
- ....
- ....
- ....
- ....
- ....
- ....
- ....

4. Fa' una lista della spesa con gli ingredienti di cui hai bisogno per fare una zuppa di verdure.

Data: ....

- Mezzo chilo di patate
- Un ....
- ....
- ....
- ....
- ....
- ....

5. Cruciverba in cucina.
Completa il cruciverba sulla base delle immagini. Non dovresti metterci più di 2 minuti.

6. Dividi i cibi del riquadro a seconda dei pasti.
A volte si ripetono.

carne sale latte uova patate
formaggio burro vino olio mela
pera pomodori prosciutto
aceto cipolle aglio farina caffè
acqua minerale birra

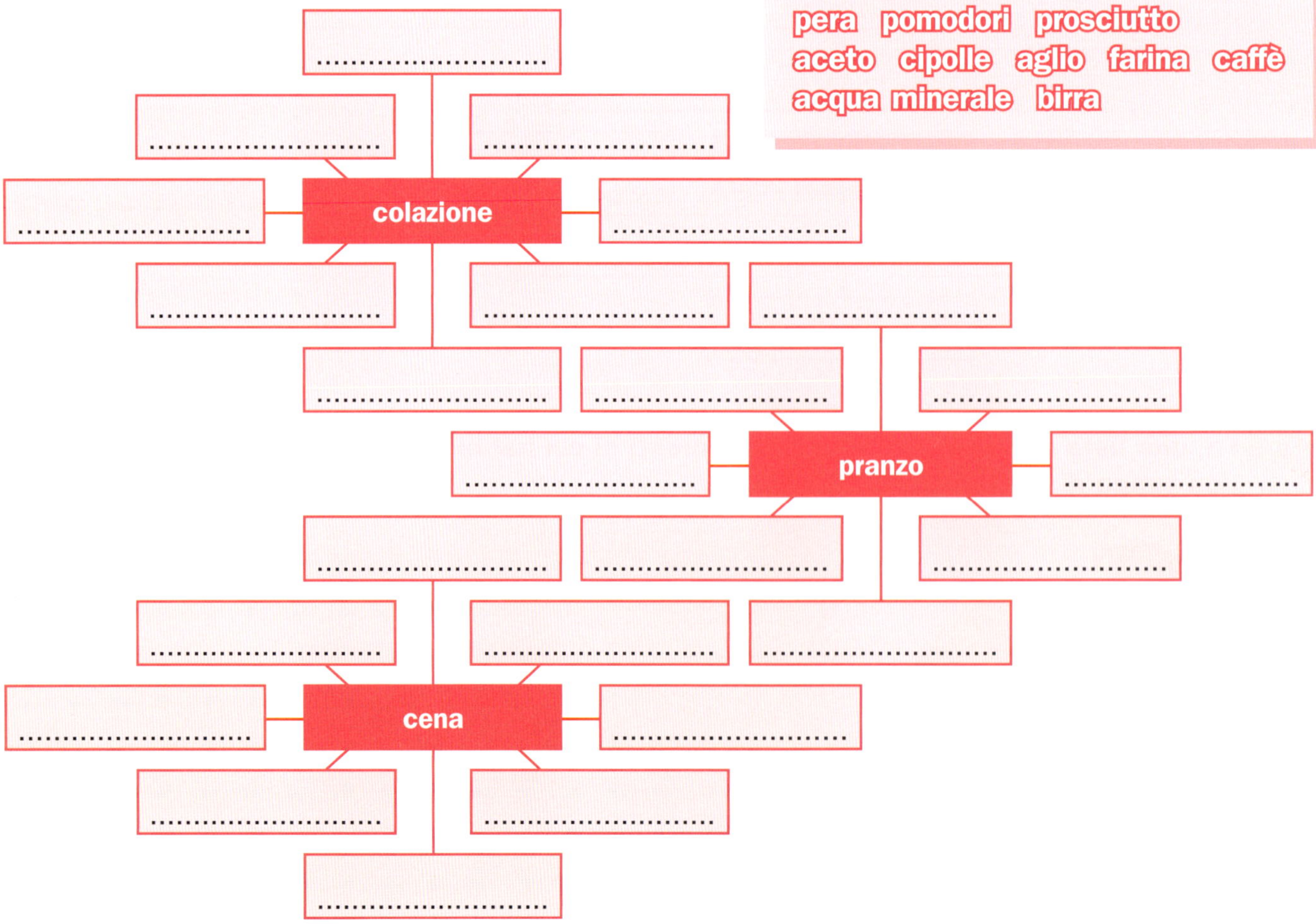

RIFLESSIONE GRAMMATICALE»

7. Metti gli articoli e forma il plurale dei nomi.

1 .... autobus ....
2 .... foto ....
3 .... psicologo ....
4 .... uomo ....
5 .... amico ....
6 .... caffè ....
7 .... zio ....

8. Correggi gli errori, se necessario.

1 Ho gli amici molto simpatici. ....
2 Hai della sigaretta? ....
3 C'è ancora un vino in casa? ....
4 C'è della birra in frigorifero? ....
5 Devo comprare uno zucchero, una farina e poi? ....
6 Va' dal salumiere e chiedi se hanno ancora delle uova. ....
....

9. Trova i numeri ordinali all'interno dello schema e scrivili nelle righe a destra.

H	U	T	D	P	H	D	G	S	K
G	H	K	L	E	H	R	T	R	S
Z	X	C	V	F	C	I	N	M	E
P	R	I	M	O	H	I	H	O	S
Q	U	I	N	T	O	K	M	Y	T
U	N	U	O	T	E	R	Z	O	O
A	T	O	F	A	M	U	I	L	H
R	U	G	N	V	I	H	U	Y	T
T	S	E	C	O	N	D	O	L	P
O	R	S	E	T	T	I	M	O	A

1 ....
2 ....
3 ....
4 ....
5 ....
6 ....
7 ....
8 ....
9 ....
10 ....

LETTURA»

10. Abbina a ogni immagine il termine giusto.

a	cereali	**e**	latticini
b	ortaggi	**f**	olio di oliva
c	legumi	**g**	pesce
d	frutta	**h**	carne

....

....

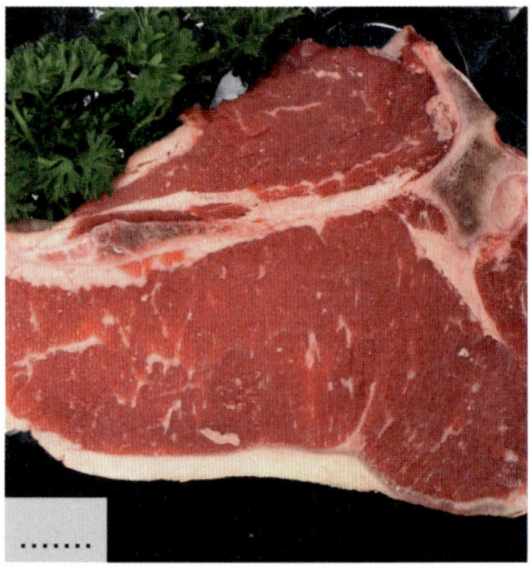
....

....

....

....

....

....

11. Leggi il testo e pensa alla tua dieta. È sana?

La dieta mediterranea

Da anni, in tutto il mondo, gli esperti parlano di dieta mediterranea. È un tipo di dieta usata con successo dagli antichi popoli del Mediterraneo e si basa sul consumo di cereali, ortaggi, legumi, frutta, latticini, olio d'oliva, pesce e poca carne. Non è vero che pane e pasta fanno ingrassare, possiamo preparare piatti buonissimi che non sono in contrasto con una dieta corretta. Tutto dipende dalla quantità e bisogna non rendere pesanti i cibi con elaborate preparazioni e condimenti eccessivi. Bastano poche gocce di olio extravergine di oliva e un po' di aromi senza calorie di cui sono ricchi i paesi del Mediterraneo (origano, basilico, aglio, ecc.) per trasformare un cibo semplice in un piatto buonissimo.
Ma perché proprio l'olio di oliva? In tempi relativamente recenti gli esperti hanno scoperto che l'olio d'oliva ha proprietà che rendono equilibrata la pressione sanguigna, abbassa il livello di colesterolo nel sangue, ecc. Per questo è opportuno usarlo al posto dei grassi animali.

12. Dopo aver letto il brano indica se le affermazioni sono vere o false.

		vero	falso
a	Solo gli antichi popoli del Mediterraneo seguono questa dieta.	☐	☐
b	La dieta mediterranea è solo vegetariana.	☐	☐
c	Il consumo di pane e pasta, nella giusta quantità, non fa ingrassare.	☐	☐
d	Bisogna fare attenzione a non eccedere con i condimenti.	☐	☐
e	Bisogna fare attenzione a non usare troppi aromi che sono eccessivamente calorici.	☐	☐
f	L'olio extravergine di oliva aiuta l'equilibrio della pressione sanguigna.	☐	☐
g	L'olio extravergine di oliva fa diminuire il livello di colesterolo nel sangue.	☐	☐
h	Si preferisce il burro all'olio di oliva.	☐	☐

PERCORSO 8 › IL TEMPO LIBERO

LEZIONE 1 GLOBALITÀ ›››

1. Lavora con un compagno. Immaginate una breve descrizione di Francesca e scrivetela. Date informazioni sui seguenti punti:

- età
- scuola
- famiglia
- interessi
- attività del tempo libero

2. CD 1 - tr. 57 Francesca è una ragazza di Bologna e oggi la intervista una radio locale. Ascolta la prima parte dell'intervista. Ci sono delle differenze rispetto alla tua descrizione?

3. CD 1 - tr. 58 Ascolta nuovamente l'intervista. Di quali attività del tempo libero parla Francesca?

1 ....sciare..................
2 ....
3 ....
4 ....
5 ....
6 ....
7 ....
8 ....

4. Lavora con due compagni. Confrontate le vostre liste e completatele.

5. Come trascorrono il tempo libero le persone della tua età, i ragazzi più grandi e gli adulti nel tuo paese? Cosa fai tu di solito, cosa fanno i tuoi amici? Confronta la tua esperienza con quella di un compagno. Usate alcuni degli aggettivi del riquadro per descrivere ciò che fate e fanno.

emozionante · interessante · noioso · facile · difficile · creativo · caro · a buon mercato · rilassante · divertente · pericoloso · intelligente

6. Molti trascorrono il loro tempo libero in centri dove possono stare a contatto con la natura. Leggi il dépliant della *Casa del pony*. Sottolinea le attività più interessanti per te.

LA CASA DEL PONY

Vieni da noi a scoprire la natura!

Campi da tennis, calcio e pallavolo. Pista da golf e minigolf.
Percorsi per mountain bike, trekking.
Passeggiate a cavallo con e senza guida. Bird-watching.
Laboratori di fotografia, teatro, ceramica, ballo.
Inoltre puoi imparare a cavalcare, conoscere i funghi e tante altre attività.

Per maggiori informazioni: Agriturismo La casa del pony
C.P. 641 Compiano (PR). Tel. 0525 672649

LEZIONE 1 ANALISI

1. Abbina le figure alle parole del riquadro.

fotografare · raccogliere monete · osservare le stelle · andare a pesca · andare a caccia · dipingere · fare teatro · suonare uno strumento · cantare · lavorare a maglia · andare in bicicletta · fare trekking · cucinare

1 ....

2 ....

3 ....

4 ....

5 ....

6 ....

7 ....

8 ....

9 ....

10 ....

11 ....

12 ....

13 ....

2. Completa la tabella con le parole del riquadro.

GIARDINAGGIO
tagliare l'erba
....
....
....
....
....
MODELLISMO
....
....
....
....
....
....
COLLEZIONISMO
....
....
....
....
....
....
ALTRO
....
....
....
....
....
....

suonare comprare schede telefoniche
scegliere cartoline
costruire modelli di aeroplani
fare ginnastica artistica
raccogliere francobolli
scambiare monete innaffiare i fiori
dipingere fare la maglia
tagliare l'erba

3. Abbina le stagioni ai disegni.

....

....

....

....

autunno primavera inverno estate

›in

- **In** inverno fa freddo in molte regioni italiane, **in** primavera comincia a fare caldo in tutta Italia, ma **nel** 2008 **in** febbraio ci sono state temperature molto alte.

- Si usa ***in*** con mesi e stagioni;
nel con gli anni e i secoli.
Si usa ***in*** anche con i mezzi di trasporto.

- Viaggiare **in** treno non è molto caro, ma spesso è più comodo e veloce raggiungere certi posti **in** macchina.

A piedi

- Vado sempre al lavoro **a piedi**.

4. Rispondi alle domande.

1 Quando fioriscono le rose?
In primavera

2 Odi l'aereo. Come vai da Genova in Sardegna?
....

3 Vuoi andare in città facendo anche un po' di ginnastica. Come ci vai?
....

4 Quando ti piace andare in vacanza?
....

5 In che anno sei nato/a?
....

6 Quando hai cominciato a studiare l'italiano?
....

7 Quando è vissuto Napoleone?
....

8 Quando viene Pasqua quest'anno?
....

LEZIONE 1 SINTESI ›››

1. A coppie, pensate a possibili proposte di vacanza per Francesca. Decidete quale può andare bene per lei.

2. Sempre a coppie, preparate un dépliant simile a quello della *Casa del pony*.

3. Ora, presentate il vostro dépliant alla classe. Qual è il più interessante?

LEZIONE 2 GLOBALITÀ

1. CD 1 - tr. 59 **Ascolta la seconda parte dell'intervista a Francesca. Decidi se le affermazioni sono vere o false.**

		vero	falso
1	La storia è accaduta 2 anni fa.	☐	☐
2	Francesca ha vinto un viaggio.	☐	☐
3	La professoressa di Francesca le ha telefonato.	☐	☐
4	Francesca ha mandato un e-mail alla *Casa del pony*.	☐	☐
5	Quando è arrivata là, ha visto molte altre persone.	☐	☐
6	Ha pagato molti soldi per il soggiorno.	☐	☐

2. CD 1 - tr. 60 **Ascolta nuovamente la seconda parte dell'intervista e completa il testo. Usa i verbi del riquadro.**

« Alla scoperta della lingua

Comincio dall'inizio perché così capisci che **1** ....è stato........ ancora più bello. L'anno scorso a scuola la mia prof. di italiano ci **2** .... di partecipare a un concorso per giovani scrittori. Lei sa che mi piace scrivere e mi conosce bene: mi **3** .... che il premio per il vincitore era un week-end a cavallo nell'Appennino organizzato da un'associazione ambientalista. Il tema era "I giovani e la difesa dell'ambiente". Non mi **4** .... tanto il tema. Poi però l'idea della montagna e dei cavalli... **5** .... sveglia una notte intera per scrivere e secondo me alla fine **6** .... qualcosa che faceva assolutamente schifo. L' **7** .... alla prof. E poi mi sono completamente dimenticata della cosa. 10 giorni fa mi **8** .... la prof. di italiano e mi ha detto che a scuola c'era una lettera per me. Sono corsa a scuola e mi **9** .... la lettera, dentro **10** .... un biglietto con scritto: "Complimenti! Hai vinto un week-end presso l'Agriturismo *La casa del pony*...

fare essere dire piacere trovare chiamare dare consegnare chiedere

3. **Completa la tabella. Riesci a dedurre la regola del passato prossimo?**

« Alla scoperta della lingua

passato prossimo	
essere + participio passato	*avere* + participio passato
....	..........ho chiesto..........
....	....
....	....
....	....
....	....
....	....

LEZIONE 2 ANALISI

participio passato di verbi regolari e irregolari

- **Osserva i cartelli**

- Il participio passato di molti verbi è regolare.

-are	am**are**	am**ato**
-ere	cred**ere**	cred**uto**
-ire	part**ire**	part**ito**

- Ma altri verbi che già conosci sono irregolari.

bere	bevuto
chiedere	chiesto
chiudere	chiuso
correggere	corretto
correre	corso
cuocere	cotto
decidere	deciso
dire	detto
dividere	diviso
essere	stato
fare	fatto
leggere	letto
mettere	messo
nascere	nato
offrire	offerto
perdere	perso (perduto)
piacere	piaciuto
piangere	pianto
(pro)porre	(pro)posto
prendere	preso
rimanere	rimasto
rispondere	risposto
scegliere	scelto
scrivere	scritto
succedere	successo
tradurre	tradotto
vedere	visto (veduto)
venire	venuto
vincere	vinto
vivere	vissuto

›passato prossimo

- **Osserva l'esempio:**

- Ieri sera **ho (1) tradotto (2)** il testo di una canzone inglese molto bella e **sono (1) andato (2)** a letto tardi.

- Il **passato prossimo** si forma con l'indicativo presente **(1)** di ***essere*** o ***avere*** + il participio passato **(2)** del verbo principale.

- Il **passato prossimo** indica:
  1 azioni avvenute da poco tempo e in relazione con il presente:
  - Stamattina **ho** già **fumato** 10 sigarette.
  2 azioni avvenute in un passato anche lontano:
  - **Sono andato** a Parigi nel 2006.

- Il **passato prossimo** vuole ***avere***:
  con i verbi transitivi, cioè quelli che dopo di sé hanno un complemento oggetto:
  - Ieri **ho letto** su *Repubblica* un articolo molto interessante.

- Il **passato prossimo** vuole ***essere***:
  con i verbi intransitivi, cioè quelli che dopo di sé non hanno un complemento oggetto, nella maggior parte dei casi e soprattutto con i verbi di:
  - **moto** → andare, arrivare, tornare, ecc.
  - **stato** → stare, rimanere, ecc.
  - **cambiamento di stato** → diventare, nascere, ecc.
  - La settimana scorsa **sono rimasta** a casa tutto il fine settimana a riposare.

Anche con altri verbi si usa ***essere***:
bastare, costare, dipendere, mancare, piacere, sembrare, succedere:
- **Sono bastate** le prime due partite per capire che quest'anno la Juventus non può vincere il campionato.
- Ti **è piaciuta** la maglietta che ti ho regalato?

I verbi transitivi devono rispondere alla domanda: ***Che cosa?***
In questo caso: *un articolo*.
Questa regola vale anche se l'oggetto non è espresso: - Ieri sera **ho letto**.

1. Completa la tabella con i participi passati.

bere	....
chiedere	....
chiudere	....
correggere	....
correre	....
cuocere	....
decidere	....
dire	....
dividere	....
essere	....
fare	....
leggere	....
mettere	....
nascere	....
offrire	....
perdere	....
piacere	....
piangere	....
(pro)porre	....
prendere	....
rimanere	....
rispondere	....
scegliere	....
scrivere	....
succedere	....
tradurre	....
vedere	....
venire	....
vincere	....
vivere	....

2. Metti i verbi al singolare.

avete proposto ....
sono arrivate ....
abbiamo letto ....
hanno scritto ....
siamo andati ....
siete tornate ....
sono vissuti ....
abbiamo amato ....
sono nate ....
avete scelto ....

3. Trasforma le frasi al passato prossimo.

1 Ogni domenica verso le 10 Giovanni va a correre nel parco vicino a casa.
Domenica scorsa ....
....

2 Ogni domenica Giovanni mangia a casa di sua madre.
Domenica scorsa ....
....

3 Ogni domenica Giovanni gioca a calcio nel pomeriggio.
Domenica scorsa ....
....

4 Ogni domenica Giovanni torna a casa verso le 7 di sera.
Domenica scorsa ....
....

5 Ogni domenica Giovanni cena alle 8.
Domenica scorsa ....
....

6 Ogni domenica Giovanni guarda la televisione fino alle 11 di sera.
Domenica scorsa ....
....

LEZIONE 2 SINTESI

1. Prova a mettere in ordine il passato! Adesso sono le 18.00 di domenica 15 gennaio 2012.

1 ....
2 ....
3 ....
4 ....
5 ....
6 ....
7 ....
8 ....
9 ....
10 *Adesso sono le 18.00 di domenica 15 gennaio 2012.*

due giorni fa	stamattina
l'anno scorso	l'inverno scorso
ieri	la settimana scorsa
ieri pomeriggio	il 5 luglio 2008
tre ore fa	

2. A coppie, cercate di indovinare cosa ha fatto il vostro compagno nei momenti del passato dell'attività precedente.

LEZIONE 3 GLOBALITÀ »»

1. Guarda i disegni e scrivi la storia. Come finisce? Inizia la tua storia così:

Ieri pomeriggio ho accompagnato la mia ragazza al corso di italiano...

2. Ora, a piccoli gruppi, a turno raccontate la vostra storia.

3. CD **1** - tr. **61** **Ascolta la storia raccontata da Filippo. Come finisce?**

LEZIONE 3 ANALISI

accordo del participio passato

- **Osserva gli esempi:**
  - Mia madre **è** venut**a** a Parigi con me.
  - Ieri a pranzo **siamo** andat**i** al ristorante cinese con i nostri amici.

  Quando c'è il verbo ***essere***, il participio passato si accorda con il soggetto, sia per il numero (singolare o plurale) che per il genere (maschile o femminile).

- **Osserva l'esempio:**
  - **Ho** comprat**o** una macchina nuova che mi piace moltissimo.

  Quando c'è il verbo ***avere***, normalmente non c'è accordo.

1. Ora, a coppie, rileggete le vostre storie e correggete le forme del participio passato dove è necessario.

2. Metti le frasi al passato prossimo, cambiando le espressioni in corsivo.

1 Mario e sua moglie vanno *sempre* a lavorare in autobus.
Ieri Mario e sua moglie sono andati a lavorare in autobus.

2 In estate rimango *spesso* in città.
....
....

3 *Ogni mattina* compro il giornale.
....
....

4 *Tutti i mesi* dobbiamo pagare molte bollette.
....
....

5 *A volte* vedo dei programmi interessanti alla tv.
....
....

6 Mi faccio la barba *tutti i giorni*.
....
....

3. Forma delle frasi. Attenzione: il verbo è all'infinito.

1 Vendere/vecchia/nostra/macchina/la.
Abbiamo venduto la nostra vecchia macchina

2 Scorsa/Paco/fare/d'italiano/a/Venezia/estate/l'/corso/un.
....
....

3 Visitare/anno/turisti/Parma/molti/quest'.
....
....

4 Piacere/la/compleanno/di/ci/ molto/tua/festa.
....
....

5 A/questa/ora/mattina/fare colazione/che?
....
....

6 Sera/insieme/Claudia e Giacomo/ieri/uscire.
....
....

4. Completa le frasi con il verbo *essere* o *avere* e fa' l'accordo del participio passato dove necessario.

1 Ieri sera Martin e Joe hanno mangiat................ in un ottimo ristorante.
2 Quando mi .... dett................ che arriva tua sorella?
3 Ieri sera Anna e Lucia .... tornat................ a casa in taxi.
4 Alice .... nat................ in agosto.
5 A che ora .... arrivat................ a casa di vostra madre?
6 La settimana scorsa non ci .... stat................ le lezioni all'università.

5. Fa' le domande.

1 - Cosa avete visitato ieri a Roma?
- Il Colosseo e poi siamo andati in Vaticano.

2 - ....
- Io una pizza e una coca, Franco un piatto di spaghetti al tonno e un po' di vino.

3 - ....
- In birreria con i miei amici.

4 - ....
- Perché non avevo voglia di uscire.

5 - ....
- In macchina fino alla stazione e poi hanno preso il treno per Rimini.

6 - ....
- Un po' di pane e un litro di latte.

6. Cosa avete fatto ieri? A coppie, scrivete 10 azioni che, secondo voi, il vostro compagno ha fatto ieri. Poi, a turno fatevi le domande per scoprire se avete indovinato. Vince chi indovina più azioni.

1 ....
2 ....
3 ....
4 ....
5 ....
6 ....
7 ....
8 ....
9 ....
10 ....

LEZIONE 3 SINTESI

Strategie di apprendimento

Collegare le idee
Per collegare due o più frasi si usano parole che in parte hai già visto.
Le attività 1, 2 e 3 ti permettono di riordinare le tue conoscenze.

1. Completa le frasi con *perché, dove, quando.*

1 .... sono tornato dalle vacanze, ho trovato una lettera dello zio Antonio.
2 Non mi ricordo .... ho messo le chiavi della macchina.
3 Vivo in una città .... non c'è molta criminalità.
4 In estate vado spesso in piscina .... amo nuotare.

2. Collega le frasi con *perché, dove, quando.* Elimina le parole che non servono.

1 Vado poco a ballare. Le discoteche non mi piacciono.
2 Ieri sono stato nella mia vecchia casa. In quella casa sono nato.
3 Ieri sera mia moglie è tornata a casa. Ho preparato la cena.

3. Completa le frasi con e, *ma/però, o/oppure.*

1 Stasera restiamo a casa .... andiamo al cinema.
2 Mi hanno detto che la cucina tailandese è molto buona, ... non l'ho mai provata.
3 Sto studiando molto .... non ho tempo per uscire con gli amici.

Puoi collegare le idee anche in senso temporale usando ***prima, poi, e poi.***

4. Riscrivi le frasi usando *prima, poi, e poi.*

1 Ieri ho finito di lavorare. Sono andato a giocare a tennis.
....

2 Per fare la pizza margherita devi fare la pasta con acqua, lievito, farina, olio e sale; mettere il pomodoro, l'origano e la mozzarella; cuocerla nel forno.
....

3 Quando arrivi in aeroporto devi fare il check-in, passare il controllo dei passaporti, andare all'uscita indicata per il tuo volo.
....

4 In Italia normalmente due persone si conoscono, si sposano, vanno a vivere insieme. Ti piace questo ordine?
....

LEZIONE 3 CIVILTÀ »»

L'Italia che cambia: gli italiani e il tempo libero

"Vado con gli amici al bar...". Questa è stata forse una delle frasi più usate, dal dopoguerra in poi, dai mariti italiani; le loro mogli hanno sempre avuto meno tempo libero e comunque lo hanno sempre dedicato alla casa e ai figli. Il bar ha sempre rappresentato in Italia il ritrovo per eccellenza, soprattutto per gli uomini.
Immagini **come questa** sono state la norma per molti anni, ora è forse più difficile trovarle, soprattutto nelle grandi città. Il gioco delle carte tra amici, le infinite discussioni di calcio, ciclismo, politica e donne tra un bicchiere di vino e un altro hanno lasciato il posto all'ora di jogging, di palestra, alla spesa con le mogli, al bricolage, ai figli, ecc. Il maschio italiano, anche grazie all'emancipazione delle donne, è stato richiamato all'ordine, le lunghe serate al bar con gli amici sono diventate sempre più rare, ora ci si dedica con più impegno alla forma fisica, alla casa, ai figli.

Al bar ora, a parte l'immancabile colazione con brioche e cappuccino e l'irrinunciabile caffè da soli o con i colleghi di lavoro, si va anche con mogli o fidanzate; vi si incontrano ancora gli amici, ma più spesso ci si va per "navigare" su Internet o per scatenarsi in modernissimi videogiochi. Le donne prendono un cappuccino o un tè con le amiche e i ragazzi ci vanno per incontrare i coetanei.

Anche il cinema, in questi ultimi 40 anni, si è trasformato. Gli spettatori, soprattutto a causa del grande successo della televisione, sono diminuiti e i cinema hanno dovuto adeguarsi e modernizzarsi. Sono passati i tempi in cui si andava al cinema solo per il gusto di vedere un film, ora c'è bisogno del grande spettacolo.
Come in quasi tutto il mondo, le piccole vecchie sale di campagna o di periferia sono sparite e hanno lasciato il posto a moderne multisale che offrono un'ampia scelta di film (di solito le grandi produzioni americane), e che sono fornite di impianti tecnici d'avanguardia. Spesso vi si trova un comodo bar dove si può bere qualcosa o fare uno spuntino prima o dopo lo spettacolo.

La pratica sportiva degli italiani è sempre stata piuttosto scarsa, gli italiani hanno sempre parlato molto di sport, ma lo hanno praticato poco. Ora i ritmi stressanti, ma anche sedentari, della vita moderna stanno portando sempre più italiani verso la pratica sportiva. In questi ultimi anni nuove e moderne palestre sono nate numerose in tutta l'Italia.
Sono frequentate da tutti: giovani che vogliono essere sempre in forma, professionisti che cercano rimedio a una vita sedentaria, casalinghe e donne in genere che cercano la linea perfetta per indossare il bikini nelle prossime vacanze estive.

La piazza della città o del paese è sempre stata uno dei luoghi di incontro più frequentati dagli italiani. In parte lo è ancora, anche se in misura sempre inferiore, ma solo nelle città di provincia e nei paesi. Non è difficile incontrare ancora nella piazza di alcune cittadine gruppetti di pensionati, soprattutto uomini, che discorrono animatamente di politica e sport. Ma è sempre più facile trovare le piazze, soprattutto nel tardo pomeriggio, affollate da giovani con l'immancabile moto o scooter che si ritrovano dopo lo studio o lo sport per chiacchierare con gli amici o semplicemente guardare ed essere guardati...

1. Guarda le foto, leggi i brani e con un compagno prova a fare un elenco delle diverse abitudini degli italiani nel tempo libero rispetto al passato.

	nel passato	ora
uomini	....	....
donne	....	....
giovani	....	....

PROGETTO

1. **Trova delle foto di luoghi che tu e i tuoi amici frequentate nel tempo libero e incollale nel quaderno.**
2. **Descrivi ai compagni il tuo hobby preferito.**
3. **Spiega ai tuoi amici le regole dello sport che pratichi o che ti piace di più.**
4. **Come passa il tempo libero di solito un ragazzo italiano della tua età? Gioca con la Playstation, fa sport, ascolta musica, incontra gli amici: e tu? E i ragazzi della tua età nel tuo paese? Parlane con i compagni. Poi scrivete un e-mail a un possibile amico italiano per invitarlo a passare una vacanza da voi. Cercate di convincerlo!**

TEST

1 Leggi gli appunti dell'agenda di Luisa e scrivi che cosa ha fatto la settimana scorsa, come nell'esempio. ..... / 18

	lunedì	martedì	mercoledì	giovedì	venerdì	sabato	domenica
mattina	Pagare telefono		Chiamare idraulico		Spese		Tennis
pomeriggio			Riunione ufficio	Prendere appuntamento col dentista	Chiamare Paola		
sera		Cinema		Viene Paola		Cena da Mario	

1 Lunedì mattina Luisa ha pagato il telefono.
2 ....
3 ....
4 ....
5 ....
6 ....
7 ....
8 ....
9 ....
10 ....

2 Le lettere del participio passato si sono mescolate. Scrivile correttamente e completa le frasi come nell'esempio. ..... / 7

1 Martina ha (R O S P E) .....perso..... le chiavi di casa.
2 Isabelle non ha ancora (R O S T I P S O) .... alla lettera dei suoi genitori.
3 Marta e Gianni hanno (N I V O T) .... molti soldi al casinò.
4 A Marco non è (I C U T O P I A) .... il film di ieri sera.
5 Paola, hai (S O C H I T E) .... a che ora parte l'aereo?
6 Anna e Mario hanno (S T U V I S O) .... per due anni a Londra.
7 Michele non ha ancora (D I C S O E) .... dove andare in vacanza.
8 Ida è (A M I S T A R) .... due ore al telefono.

3 Metti in ordine le seguenti frasi. ..... / 4

1 è – l' – primavera – a – Londra – stata – scorso – Maria – in – anno
....
2 ha – giorni – mi – di – Paola – due – fa – telefonato – sera
....
3 tempo – la – ho – scorsa – molto – libero – non – settimana – avuto
....
4 amiche – a – cena – Michela – è – con – la – piaciuta – le – molto
....

4 Osserva le vignette e racconta che cosa è successo ieri a Elena. ..... / 12

Come ogni giorno ieri Elena è tornata a casa dal lavoro verso le sei di sera, ma quando ....
....
....
....
....
....
....
....
....
....
....
....

1

2

3

4

5

6

7

5 Nel diagramma sono nascosti 10 participi passati irregolari. Trovali e scrivili con vicino il loro infinito. Osserva l'esempio. ..... / 9

A	C	O	R	S	O	U	D	S	A	T	V	O
S	I	O	F	D	S	A	B	N	V	R	O	R
F	A	T	T	O	N	E	C	H	I	A	A	O
U	L	R	D	A	A	V	C	S	S	D	L	P
M	U	N	R	D	T	O	A	R	B	O	T	O
U	N	I	R	S	O	F	F	E	R	T	O	A
O	N	D	E	S	T	A	R	R	E	T	N	U
B	R	A	S	T	I	N	A	T	O	O	S	E
N	O	E	U	S	S	A	R	I	E	N	N	A
O	M	S	C	T	I	S	S	C	E	L	T	O
N	A	I	C	F	I	O	B	O	S	D	T	R
L	A	V	E	C	R	A	M	T	U	T	C	A
C	A	R	S	T	C	H	I	T	U	N	O	R
P	R	I	S	P	O	S	T	O	A	C	T	E
U	N	S	O	A	N	E	I	L	R	A	T	O
P	O	T	S	A	C	C	T	L	E	T	T	O

	participio	infinito
1	corso	correre
2		
3		
4		
5		
6		
7		
8		
9		
10		

Totale: ..... / 50

REVISIONE & AMPLIAMENTO »

FUNZIONI »

1. Completa questo dialogo.

- *Anna*: ....
- *José*: Sono uno studente anch'io. Mi hanno dato la stanza 3, vicino alla tua!
- *Anna*: ....
- *José*: Mi chiamo José Armando, ma tutti mi chiamano solo José. E tu come ti chiami?
- *Anna*: ....
- *José*: Sono arrivato questa mattina.
- *Anna*: ....
- *José*: No, non sono ancora andato alla scuola di italiano.
- *Anna*: ....
- *José*: Molto volentieri. A che ora ci vediamo?
- *Anna*: ....
- *José*: Va bene. Ho dormito poco durante il viaggio e sono stanco!
- *Anna*: ....
- *José*: Buona notte anche a te, Anna.

2. Fa' le domande.

1 - ....
- Di domenica di solito molto tardi, ma oggi fino alle 7.

2 - ....
- Perché sono andato al mare.

3 - ....
- Con la mia ragazza e due amici.

4 - ....
- No, in moto.

5 - ....
- In un ristorante dove fanno il pesce in modo meraviglioso.

6 - ....
- Verso le 7.

7 - ....
- Alle 9 circa.

8 - ....
- Niente, sono andato a letto subito.

RIFLESSIONE GRAMMATICALE»

3. Abbina le frasi di sinistra a quelle di destra.
Usa parole come: *perché, dove, quando, e, ma, o, poi, prima, e poi.*

1 Ho trovato un mio caro amico ad aspettarmi ....quando..........
2 Non vado mai in vacanza ....
3 Stasera sto a casa ....
4 Sono uscito dal teatro deluso ....
5 Ieri sera sono andato in discoteca e ....
6 Mi piace molto viaggiare ....

a c'è molta gente.
b esco a bere una birra con alcuni amici.
c sono andato a mangiare una pizza.
d odio l'aereo.
e sono arrivato a casa.
f non mi è piaciuto lo spettacolo.

4. Scrivi il verbo all'infinito.

perso	....
corso	....
vinto	....
stato	....
rimasto	....
nato	....
vissuto	....
successo	....
letto	....
cotto	....

5. Trasforma le frasi al plurale.

1 Ieri sera sono andato a letto presto. — Ieri sera siamo andati a letto presto..........
2 Domenica ho visto un bel film al cinema. — ....
3 Ho accompagnato Giovanni in stazione. — ....
4 Quando sei tornato dalle vacanze? — ....
5 Quando hai cominciato il nuovo lavoro? — ....
6 Fabrizia è nata in dicembre. — Fabrizia e sua sorella ....
7 Hai cambiato numero di telefono? — ....
8 Ho preparato un ottimo risotto ai funghi. — ....

6. Ai verbi del testo seguente è successo qualcosa. Prova a metterli in ordine.

Allora...10 giorni fa **ho dato** una lettera con un biglietto con scritto: "Complimenti! Lei **ha trovato** un week-end di sport presso il Centro *Natura e Salute*"... Poi l'indirizzo e il numero di telefono. Così **ho ripreso** e mi **hanno confermato** tutto, ma non mi **hanno visto** dire come mai **hanno vinto** questo premio proprio a me.

Sono salita, curiosa di saperne di più e quando **sono andata** là, **ho ricevuto** molte altre persone che come me avevano vinto un week-end presso quel centro.

La cosa si è fatta subito misteriosa: mi **hanno voluto** una stanza e la chiave... **sono arrivata** nella mia camera e curiosa come sempre, dietro la porta **ho dato** un cartello con i prezzi: per la pensione completa il prezzo era di 60 euro al giorno comprese le attività sportive. Invece il prezzo della pensione completa della seconda possibilità dal nome abbastanza chiaro "prezzo week-end di sport gratuito" era di 45 euro, ma gli sport naturalmente erano gratuiti.

Ti puoi immaginare la mia rabbia e la velocità con cui me ne **sono partita** via... **Ho telefonato** i miei documenti e urlando sono ripartita... Gli altri "vincitori" probabilmente hanno fatto la stessa cosa...

7. Trasforma le frasi al passato prossimo facendo attenzione all'accordo del participio passato.

1	Oggi non vado a lavorare.	Ieri ....
2	Stasera usciamo a mangiare una pizza.	Sabato scorso ....
3	Domenica prossima Patty parte per le vacanze.	Domenica scorsa ....
4	Antonella e Carla arrivano lunedì sera.	.... lunedì scorso.
5	Mario e Linda cambiano casa l'anno prossimo.	.... l'anno scorso.
6	Gli studenti entrano a scuola alle 8.	Ieri ....

8. Rispondi alle domande che seguono. Scrivi le date in lettere.

1 Viene una settimana dopo il 15/4.
Ventidue aprile

2 È Natale.
....

3 È il primo giorno di primavera.
....

4 È la festa dei lavoratori.
....

5 Esiste solo una volta ogni quattro anni.
....

6 È l'ultimo giorno dell'anno.
....

7 In onore di una vecchia signora, la Befana o dei tre Re Magi.
....

8 Il giorno di Ferragosto.
....

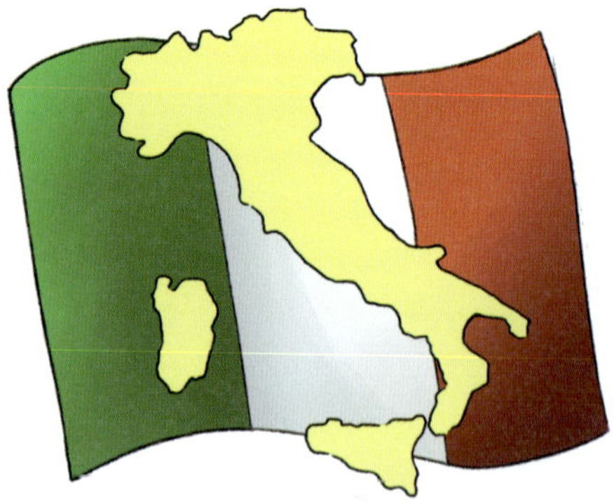

9. **Il labirinto degli ausiliari. Si parte dal verbo AVERE, in alto a sinistra; percorri il labirinto andando solo sui verbi che richiedono l'ausiliare AVERE per formare il passato prossimo: se segui il percorso corretto, arrivi a BRINDARE... altrimenti torna indietro e scopri dove hai sbagliato strada.**

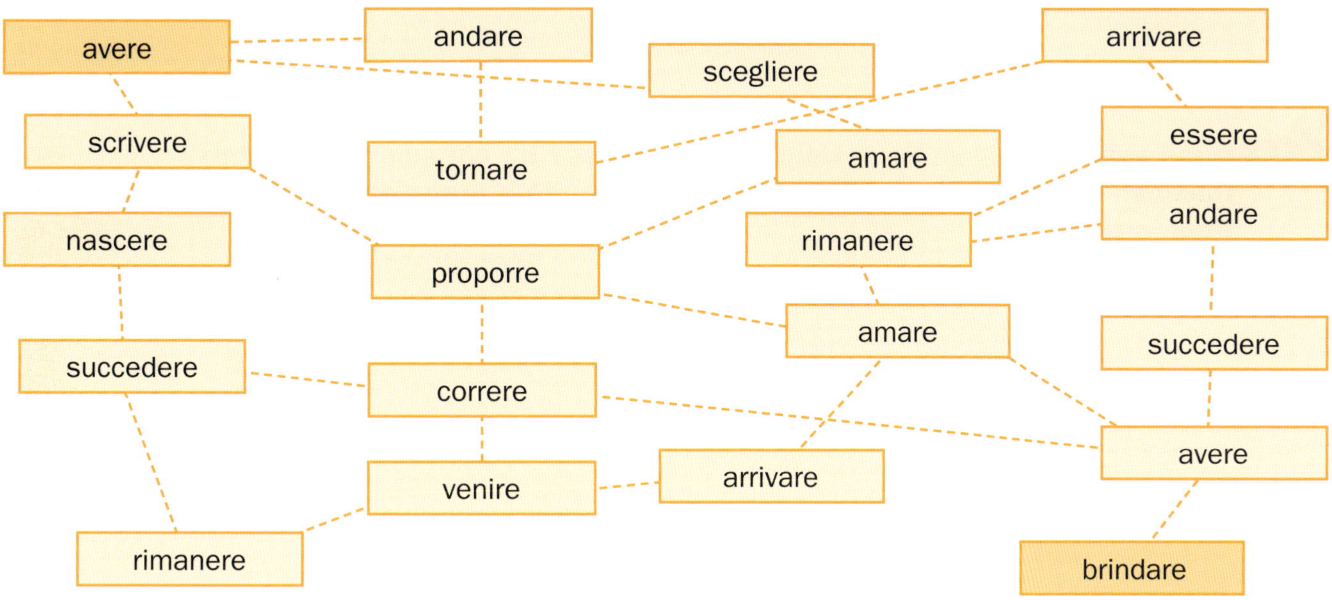

SCRIVERE»

10. **Scrivi un paragrafo su quello che hai fatto nel tempo libero la settimana scorsa. Usa le parole che hai imparato per collegare le idee.**

CIVILTÀ»

11. Com'è cambiato il tempo libero nel tuo paese rispetto al passato?
Prova a riempire la tabella usata nell'esercizio 1 di pag. 179 per gli italiani.

	NEL PASSATO	ORA
uomini:	....	....
	....	....
	....	....
donne:	....	....
	....	....
	....	....
giovani:	....	....
	....	....
	....	....

Posti o locali pubblici in cui incontrarsi.

12. Quali sono i luoghi di ritrovo tipici del tuo paese? Da chi sono frequentati?
Raccogli le informazioni dell'esercizio precedente e prova a scrivere un breve brano.
Puoi iniziare così:

Nel mio paese il ritrovo tipico del tempo libero è sempre stato/a ....
....
....
....
....
....
....
....
....
....
....
....
....

NOTE:

PERCORSO 2 » ALLA STAZIONE »»

2. Sai qualcosa sulla geografia dell'Italia? Lavora con un compagno. A turno fate domande e date risposte.

Esempio:

A: Dov'è Bologna?
È in Sicilia?

B: No, non è in Sicilia.
È in Emilia Romagna.

A: Dov'è Perugia? È in Umbria?

B: Sì, giusto!

Oppure

B: Non lo so.

PERCORSO 3 » STUDIARE E LAVORARE »»

3. Lavora con un compagno. A turno fate domande e date risposte per completare le informazioni personali delle persone nelle foto.

Esempio:

B: Come si chiamano?

A: Inge e Hans.

Nome	Hans
Cognome	Meyer
Nazionalità	tedesca
Età	19
Indirizzo	Wichernstrasse 18. Erlangen
Numero di telefono	323569
Lavoro	idraulico
Stato civile	non sposato
Lingue straniere	nessuna
Patente	sì

Nome	Inge
Cognome	Moeller
Nazionalità	tedesca
Età	20
Indirizzo	Wichernstrasse 18. Erlangen
Numero di telefono	323569
Lavoro	parrucchiera
Stato civile	non sposata
Lingue straniere	francese
Patente	sì

4. **Lavora con un compagno. Fate delle domande. Rispondete con gli articoli determinativi.**

1. Chi ripara lavandini, docce, bidè, ecc.?
2. Chi compra prodotti in un negozio?
3. Chi aiuta il medico?
4. Chi costruisce case?
5. Chi vende carne?
6. Chi lavora in casa?
7. Chi serve i clienti in un ristorante, bar, pizzeria?

PERCORSO 4 › LA FAMIGLIA ›››

8. **Insieme a un compagno, a turno chiedete e dite di chi sono gli oggetti nelle figure.**

Esempio: **A:** Di chi è/sono...?
B: È/sono di...

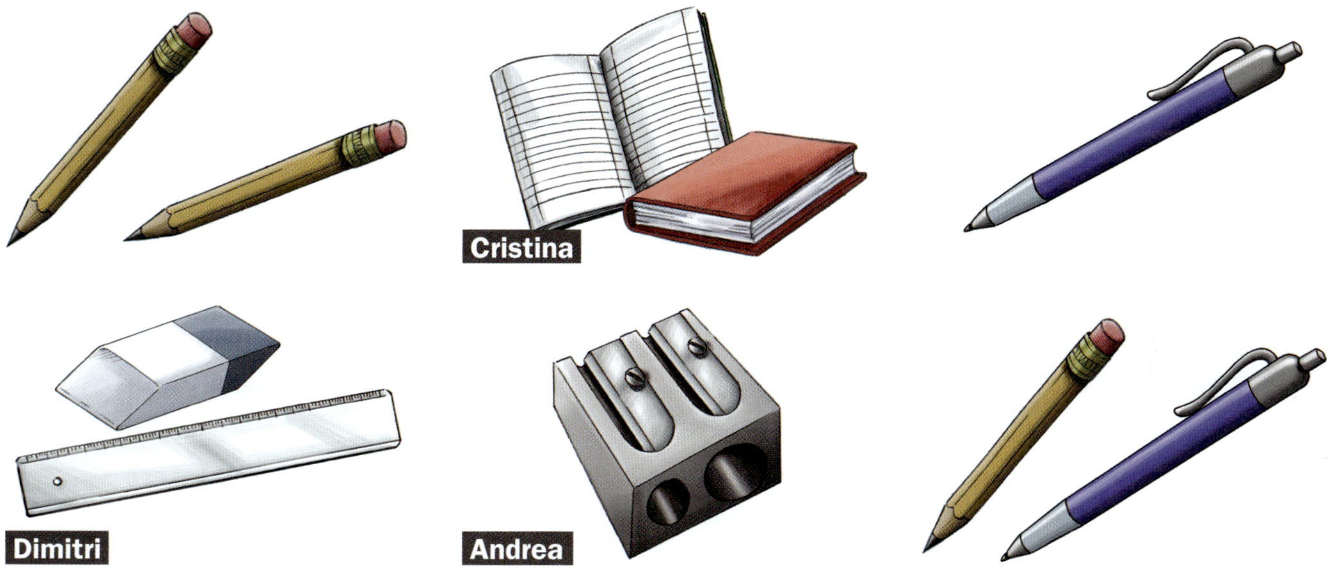

PERCORSO 5 › LA CASA ›››

4. **Lavora con un compagno. Descrivete le stanze e fate domande per trovare le differenze. Ci sono 10 differenze.**

Esempio:
A: Nel tuo soggiorno c'è una lampada?
B: Sì, è vicino a/a destra/dietro...

oppure
B: No.

PERCORSO 2 » ALLA STAZIONE »»

2. Sai qualcosa sulla geografia dell'Italia? Lavora con un compagno. A turno fate domande e date risposte.

Esempio:
A: Dov'è Bologna?
È in Sicilia?
B: No, non è in Sicilia.
È in Emilia Romagna.

A: Dov'è Perugia? È in Umbria?
B: Sì, giusto!

Oppure
B: Non lo so.

PERCORSO 3 » STUDIARE E LAVORARE »»

3. Lavora con un compagno. A turno fate domande e date risposte per completare le informazioni personali delle persone nelle foto.

Esempio:
B: Come si chiamano?
A: Ana e Pedro.

Nome	Ana
Cognome	Pérez
Nazionalità	spagnola
Età	20
Indirizzo	Calle Colón 21 Granada
Numero di telefono	67521134
Lavoro	commessa
Stato civile	non sposata
Lingue straniere	inglese
Patente	sì

Nome	Pedro
Cognome	Alvarez
Nazionalità	spagnola
Età	20
Indirizzo	Calle del Puente 3, Granada
Numero di telefono	2456312
Lavoro	impiegato
Stato civile	non sposato
Lingue straniere	inglesee portoghese
Patente	no

4. Lavora con un compagno. Fate delle domande. Rispondete con gli articoli determinativi.

1 Chi lavora in un ufficio o in banca?
2 Chi ripara le macchine?
3 Chi cura i malati?
4 Chi vende giornali?
5 Chi arriva in macchina quando i clienti chiamano?
6 Chi lavora in un negozio, vende cose ai clienti?
7 Chi produce frutta e verdura?

PERCORSO 4 › LA FAMIGLIA ›››

8. Insieme a un compagno, a turno chiedete e dite di chi sono gli oggetti nelle figure.

Esempio: **A:** Di chi è/sono...?
B: È/sono di...

PERCORSO 5 › LA CASA ›››

4. Lavora con un compagno. Descrivete le stanze e fate domande per trovare le differenze. Ci sono 10 differenze.

Esempio:
A: Nel tuo soggiorno c'è una lampada?
B: Sì, è vicino a/a destra/dietro...

oppure
B: No.

›gli articoli

L'ARTICOLO DETERMINATIVO

	singolare	plurale
maschile		
prima di una consonante	**il** cane	**i** cani
prima di s + consonante, ps, x, z	**lo** studente	**gli** studenti
prima di una vocale	**l'**ufficio	**gli** uffici
femminile		
prima di una consonante	**la** casa	**le** case
prima di una vocale	**l'**auto	**le** auto

- L'articolo determinativo si mette sempre **prima** del nome.

L'ARTICOLO INDETERMINATIVO

	singolare	plurale
maschile		
prima di una consonante	**un** cane	**dei** cani
prima di s + consonante, ps, x, z	**uno** studente	**degli** studenti
prima di una vocale	**un** ufficio	**degli** uffici
femminile		
prima di una consonante	**una** casa	**delle** case
prima di una vocale	**un'**auto	**delle** auto

- L'articolo indeterminativo si mette sempre **prima** del nome.

›il nome

IL GENERE

- I nomi in -**o** sono normalmente *maschili*: **il** libr**o**.
- I nomi in -**a** sono normalmente *femminili*: **la** cas**a**.
- I nomi in -**e** sono *maschili* o *femminili*:

maschili	**il** padr**e**	*femminili*	**la** madr**e**
	il mar**e**		**la** chiav**e**

- Alcuni nomi in -**a** sono *maschili*: es.: **il** problem**a**, **il** farmacist**a**.
- Alcuni nomi in -**o** sono *femminili*: es.: **la** fot**o**, **la** man**o**.

IL PLURALE

	singolare		plurale	
maschile	-o	**il** libr**o**	-i	**i** libr**i**
	-e	**il** padr**e**	-i	**i** padr**i**
	-a	**il** problem**a**	-i	**i** problem**i**
femminile	-a	**la** cas**a**	-e	**le** cas**e**
	-e	**la** chiav**e**	-i	**le** chiav**i**

- Non cambiano al plurale:

	singolare	plurale
i nomi stranieri	**il** film	**i** film
i nomi che sono abbreviazioni	**la** foto	**le** foto

- Alcuni plurali sono irregolari:

singolare	plurale
l'uomo	**gli** uomini
l'uovo	**le** uova

- Alcuni nomi molto comuni sono usati solo al singolare: **la** gente, **la** frutta.

gli aggettivi

	singolare		plurale	
maschile	-o	**il** pranz**o** car**o**	-i	**i** pranz**i** car**i**
	-e	**il** libr**o** interessant**e**	-i	**i** libr**i** interessant**i**
femminile	-a	**la** cas**a** alt**a**	-e	**le** cas**e** alt**e**
	-e	**la** madr**e** dolc**e**	-i	**le** madr**i** dolc**i**

gli aggettivi e i pronomi possessivi

- Gli aggettivi e i pronomi possessivi sono uguali nella forma.

	maschile		femminile	
	singolare	plurale	singolare	plurale
I sing.	**mio**	**miei**	**mia**	**mie**
II sing.	**tuo**	**tuoi**	**tua**	**tue**
III sing.	**suo**	**suoi**	**sua**	**sue**
I plur.	**nostro**	**nostri**	**nostra**	**nostre**
II plur.	**vostro**	**vostri**	**vostra**	**vostre**
III plur.	**loro**	**loro**	**loro**	**loro**

- I possessivi si accordano con il nome cui si riferiscono.
- Se il nome è maschile e singolare (gatt**o**), il possessivo è **il** mi**o**.
- **Loro** non cambia mai, è invariabile.

gli aggettivi dimostrativi

QUESTO

	singolare	plurale
maschile		
prima di una consonante	**questo**	**questi**
prima di una vocale	**quest'**	
femminile		
prima di una consonante	**questa**	**queste**
prima di una vocale	**quest'**	

QUELLO

	singolare	plurale
maschile		
prima di una consonante	**quel** cane	**quei** cani
prima di s + consonante, ps, x, z	**quello** studente	**quegli** studenti
prima di una vocale	**quell'**ufficio	**quegli** uffici
femminile		
prima di una consonante	**quella** casa	**quelle** case
prima di una vocale	**quell'**auto	**quelle** auto

- *Questo* si riferisce a una persona o a una cosa vicina a chi parla.
- *Quello* si riferisce a una persona o a una cosa lontana da chi parla.

i pronomi dimostrativi

QUESTO

	singolare	plurale
maschile	**questo**	**questi**
femminile	**questa**	**queste**

QUELLO

	singolare	plurale
maschile	**quello**	**quelli**
femminile	**quella**	**quelle**

gli avverbi

AVVERBI DI QUANTITÀ

+++	molto, tanto
++	abbastanza, piuttosto
+	un po'
-	poco
–	quasi niente
—	niente

AVVERBI DI FREQUENZA

sempre
quasi sempre
normalmente, solitamente
spesso
a volte, talvolta
raramente
quasi mai
mai

le preposizioni articolate

- Sono le preposizioni *a, da, di, in, su* + un articolo determinativo.

	il	lo	l'	la	i	gli	le
a	al	allo	all'	alla	ai	agli	alle
da	dal	dallo	dall'	dalla	dai	dagli	dalle
di	del	dello	dell'	della	dei	degli	delle
in	nel	nello	nell'	nella	nei	negli	nelle
su	sul	sullo	sull'	sulla	sui	sugli	sulle

pronomi personali soggetto

	singolare	plurale
prima persona	io	noi
seconda persona	tu	voi
terza persona maschile e femminile	lui lei	loro

i verbi

INDICATIVO PRESENTE

avere		essere	
(io)	**ho**	(io)	**sono**
(tu)	**hai**	(tu)	**sei**
(lui, lei)	**ha**	(lui, lei)	**è**
(noi)	**abbiamo**	(noi)	**siamo**
(voi)	**avete**	(voi)	**siete**
(loro)	**hanno**	(loro)	**sono**

I-are: parlare		II-ere: vedere		IIIa-ire: sentire		IIIb-ire: finire	
(io)	parl-**o**	(io)	ved-**o**	(io)	sent-**o**	(io)	fin-**isc**-**o**
(tu)	parl-**i**	(tu)	ved-**i**	(tu)	sent-**i**	(tu)	fin-**isc**-**i**
(lui, lei)	parl-**a**	(lui, lei)	ved-**e**	(lui, lei)	sent-**e**	(lui, lei)	fin-**isc**-**e**
(noi)	parl-**iamo**	(noi)	ved-**iamo**	(noi)	sent-**iamo**	(noi)	fin-**iamo**
(voi)	parl-**ate**	(voi)	ved-**ete**	(voi)	sent-**ite**	(voi)	fin-**ite**
(loro)	parl-**ano**	(loro)	ved-**ono**	(loro)	sent-**ono**	(loro)	fin-**isc**-**ono**

potere	volere	dovere	sapere
posso	voglio	devo	so
puoi	vuoi	devi	sai
può	vuole	deve	sa
possiamo	vogliamo	dobbiamo	sappiamo
potete	volete	dovete	sapete
possono	vogliono	devono	sanno

piacere	bere	andare	stare
piaccio	bevo	vado	sto
piaci	bevi	vai	stai
piace	beve	va	sta
piacciamo	beviamo	andiamo	stiamo
piacete	bevete	andate	state
piacciono	bevono	vanno	stanno

fare	dare	dire	uscire
faccio	do	dico	esco
fai	dai	dici	esci
fa	dà	dice	esce
facciamo	diamo	diciamo	usciamo
fate	date	dite	uscite
fanno	danno	dicono	escono

IL PASSATO PROSSIMO

- Il passato prossimo: indicativo presente di *essere* o *avere* + il participio passato del verbo principale.

- Il participio passato di molti verbi è regolare.

-are	parl**are**	parl**ato**
-ere	cred**ere**	cred**uto**
-ere	fin**ire**	fin**ito**

I participi passati irregolari di molti verbi comuni.

accendere	*acceso*
aprire	*aperto*
bere	*bevuto*
chiedere	*chiesto*
chiudere	*chiuso*
correre	*corso*
cuocere	*cotto*
decidere	*deciso*
dire	*detto*
dividere	*diviso*
essere	*stato*
fare	*fatto*
leggere	*letto*
mettere	*messo*
morire	*morto*
muovere	*mosso*
nascere	*nato*
nascondere	*nascosto*
perdere	*perso*
piacere	*piaciuto*
piangere	*pianto*
prendere	*preso*
ridere	*riso*
rimanere	*rimasto*
rispondere	*risposto*
rompere	*rotto*
scegliere	*scelto*
scrivere	*scritto*
vedere	*visto (veduto)*
venire	*venuto*
vincere	*vinto*
vivere	*vissuto*

ACCORDO DEL PARTICIPIO PASSATO

- Quando c'è il verbo *essere*, il participio passato si accorda con il soggetto, sia nel numero (singolare o plurale) che nel genere (maschile o femminile).
  Si usa *essere* con certi verbi, in particolare con i verbi di moto, stato, cambiamento di stato; con i verbi riflessivi e alcuni altri verbi.

- Quando l'ausiliare è il verbo *avere*, solitamente non c'è accordo.
  Si usa *avere* con i verbi transitivi, cioè i verbi che dopo di sé hanno un complemento oggetto.

- Quando il participio passato è preceduto dal complemento oggetto l'accordo non è obbligatorio.

- Il passato prossimo indica azioni passate che hanno una relazione col presente.
  Ma in molte parti d'Italia si usa anche per descrivere azioni avvenute in un passato anche lontano.

GIOCHIAMO CON I SUONI ›

SIMBOLI USATI PER LA TRASCRIZIONE DEI SUONI

i suoni delle vocali

/i/	v**i**no
/e/	v**e**rde
/ɛ/	f**e**sta
/a/	c**a**sa
/ɔ/	n**o**ve
/o/	s**o**le
/u/	**u**va

i suoni delle semiconsonanti

/j/	**i**eri
/w/	ling**u**a

Nell'alfabeto fonetico il suono /w/ in italiano è sempre e solo vocalico (u) e mai consonantico /v/.

i suoni delle consonanti

/p/	Na**p**oli
/b/	a**b**itare
/m/	**m**edico
/n/	u**n**
/t/	**t**empo
/d/	nor**d**
/ɲ/	compa**gn**o
/k/	**c**asa, **ch**e; **q**uando
/g/	pre**g**o; un**gh**erese
/ts/	a**z**ione
/dz/	**z**an**z**ara
/tʃ/	fran**c**ese; **c**iao
/dʒ/	**g**ente; **g**iorno
/f/	**f**iore
/v/	**v**ino
/s/	**s**ale
/z/	**s**venire
/ʃ/	pe**sc**e; **sc**iarpa
/r/	**r**osso
/l/	**l**una
/ʎ/	fi**gl**io

- L'accento è indicato con il segno /ˈ/ prima della sillaba accentata.
- Il simbolo * davanti a una parola significa che la parola non esiste.
- Il simbolo [:] indica un suono lungo.

PERCORSO 1 › IN VIAGGIO ›››

- I **suoni** delle vocali
- L'accento nelle parole (vocale tonica)

1. CD 2 - tr. 1 **Ascolta e ripeti le vocali.**

/i/ /u/
/e/ /o/
/ɛ/ /ɔ/
/a/

2. CD 2 - tr. 2 **Ascolta le parole e fa' un segno nella colonna corretta.**

	/i/	/e/	/ɛ/	/a/	/ɔ/	/o/	/u/
1			×				
2							
3							
4							
5							
6							
7							
8							
9							
10							
11							

	/i/	/e/	/ɛ/	/a/	/ɔ/	/o/	/u/
12							
13							
14							
15							
16							
17							
18							
19							
20							
21							

3. CD 2 - tr. 3 **Ascolta le parole e sottolinea l'accento principale.**

1 italiano
2 nazionalità
3 francese
4 Italia
5 Marocco
6 brasiliano
7 America
8 americano
9 Francia
10 marocchino

PERCORSO 2 » ALLA STAZIONE »

- I **suoni** /p/ e /b/
- Contrasto tra intonazione interrogativa (ascendente) e intonazione affermativa/negativa (discendente)

1. CD 2 - tr. 4 **Ascolta le parole e fa' un segno nella colonna corretta.**

	/p/	/b/
1		×
2		
3		
4		
5		

	/p/	/b/
6		
7		
8		
9		
10		

2. CD 2 - tr. 5 **Ascolta le parole e scrivile nella colonna corretta.**

/p/	/b/
esprimere	

3. Leggi le parole che hai scritto al tuo compagno.

4. CD 2 - tr. 6 **Ascolta le frasi e indica nella colonna corretta se l'intonazione della frase è ascendente ▲ o discendente ▼.**

	▲	▼
1	×	
2		

	▲	▼
3		
4		

	▲	▼
5		
6		

	▲	▼
7		
8		

	▲	▼
9		
10		

PERCORSO 3 » STUDIARE E LAVORARE »

- I **suoni** /k/ **c**he; /g/ pre**g**o; /tʃ/ fran**c**ese; /dʒ/ **g**iorno

1. CD 2 - tr. 7 **Ascolta queste parole: contengono i suoni /k/ /g/ /tʃ/ /dʒ/.**

carriera	agente	stanca	amici	Perugia	giusto	Genova
cosa	giovane	impiegato	Parigi	gusto	dialogo	qualcuno
Inghilterra	Pechino	Giappone	amiche	Portogallo	portoghese	macellaio

2. CD 2 - tr. 8 **Ora, ascolta di nuovo le parole dell'attività precedente e prova a sottolineare le sillabe che contengono i suoni /k/ /g/ /tʃ/ /dʒ/.**

GIOCHIAMO CON I SUONI

3. CD 2 - tr. 9 **Ascolta le parole della prima colonna, contengono i suoni /k/ e /g/. Prova a collegarli con i simboli della seconda colonna.**

1	Ragusa	a	/ka/
2	Senegal	b	/ke/
3	iugoslavo	c	/ki/
4	tedesco	d	/ku/
5	marocchina	e	/ko/
6	Ungheria	f	/ga/
7	greche	g	/ge/
8	Camerun	h	/gi/
9	curdo	i	/go/
10	Inghilterra	l	/gu/

4. CD 2 - tr. 10 **Ascolta le parole della prima colonna, contengono i suoni /tʃ/ e /dʒ/. Prova a collegarli con i simboli della seconda colonna.**

1	giugno	a	/tʃa/
2	arrivederci	b	/tʃe/
3	geografia	c	/tʃi/
4	Giovanni	d	/tʃo/
5	ciao	e	/dʒa/
6	Parigi	f	/dʒe/
7	piacere	g	/dʒi/
8	annuncio	h	/dʒo/
9	Perugia	i	/dʒu/

Ogni parola è composta da ***sillabe***, ad esempio la parola "francese" è composta dalle sillabe ***fran-ce-se.***

Le sillabe sono formate da una o più consonanti e una vocale, o anche dalla sola vocale come in ***cia-o***!

5. Ora, fa' attenzione a come questi suoni si scrivono e prova a completare la tabella.

/k/	/g/	/tʃ/	/dʒ/
c + u = /ku/	g + _____ = /gu/	c + i + u = /tʃu/	g + ______ = /dʒu/
c + o = /ko/	g + _____ = /go/	c + i + o = /tʃo/	g + ______ = /dʒo/
c + a = /ka/	g + _____ = /ga/	c + i + a = /tʃa/	g + ______ = /dʒa/
c + h + e = /ke/	g + _____ = /ge/	c + e = /tʃe/	g + ______ = /dʒe/
c + h + i = /ki/	g + _____ = /gi/	c + i = /tʃi/	g + ______ = /dʒi/

Attenzione,
per il suono /kw/ come in ***qui***, ***quello***, ***qualcosa*** ecc. vedere ***Ragazzi in Rete A2*** Percorso 2.

PERCORSO 4 LA FAMIGLIA

- I **suoni** /m/ **m**edico; /n/ u**n**

1. CD 2 - tr. 11 **Ascolta le parole e fa' un segno nella colonna corretta.**

	/m/	/n/		/m/	/n/		/m/	/n/		/m/	/n/		/m/	/n/
1	X		3			5			7			9		
2			4			6			8			10		

2. CD 2 - tr. 12 **Ascolta le parole e scrivile nella colonna corretta.**

/m/	/n/
armadio	

3. **Leggi le parole che hai scritto insieme a un compagno.**

PERCORSO 5 LA CASA

- I **suoni** /t/ **t**empo; /d/ nor**d**
- Intonazione negativa e affermativa (II)

1. CD 2 - tr. 13 **Ascolta le coppie di parole. Fa' attenzione, le parole con * (asterisco) non esistono.**

*abitande	abitante	dado	dato	età	*edà	bibita	*bibida
vedere	*vetere	*cardolina	cartolina	calendario	*calentario	sedia	*setia
*ambiende	ambiente	*lavantino	lavandino	aceto	*acedo	madre	*matre

2. CD 2 - tr. 14 **Ascolta le parole e scrivile nella colonna corretta.**

/t/	/d/
	desiderio

Hai già notato che non c'è differenza tra l'intonazione negativa e l'intonazione affermativa?
Infatti, tutte e due hanno un'intonazione discendente.

3. CD 2 - tr. 15 **Ascolta queste frasi. Fa' attenzione all'intonazione.**

a Non lo vedo!
b Non lo so.
c Dammi quella borsa, per favore.
d Non risponde nessuno!
e Vengono domani.
f No grazie! L'ho già preso!
g Lo so! Lo so!
h Mi piace guidare!

4. **Leggi le frasi dell'esercizio precedente insieme a un compagno.**

PERCORSO 6 › LA VITA QUOTIDIANA ›››

- I **suoni** /r/ **r**osso; /l/ **l**una
- Mettere in risalto un elemento della frase

1. CD 2 - tr. 16 **Ascolta queste coppie di parole. Ti sembrano uguali o diverse? Fa' un segno nella colonna corretta.**

	uguali	diverse
a		×
b		
c		
d		

	uguali	diverse
e		
f		
g		
h		

2. CD 2 - tr. 17 **Ascolta e scrivi le parole dell'attività precedente.**

caro calo ....

....

....

....

....

....

....

3. CD 2 - tr. 18 **Ascolta questo breve dialogo e fa' attenzione a come il parlante B mette in rilievo una parola nella frase.**

A: *Questa è mia?*
B: *No! Questa è la mia penna!*

4. CD 2 - tr. 19 **Ascolta le frasi e sottolinea le parole che vengono messe in rilievo.**

1 Questo è mio!
2 Oggi vengono i miei amici!
3 Oggi vado dai miei!
4 Luca è molto simpatico!
5 Questo non è nostro!
6 Questo è suo fratello!

PERCORSO 7 › IL CIBO, AL RISTORANTE ›››

- I **suoni** /ɲ/ compa**gn**o; /ʎ/ fi**gl**io; /ʃ/ pe**sc**e
- Accento nelle parole (II)

1. CD 2 - tr. 20 **Ascolta le parole.**

cognome	gli	fascino
montagna	tovagliolo	prosciutto
compagne	griglia	scegliere
significato	raccogliere	sciocco

2. CD 2 - tr. 21 **Ascolta le parole e fa' un segno nella colonna corretta.**

	/ɲ/	/ʎ/	/ʃ/
1	×		
2			
3			
4			
5			

	/ɲ/	/ʎ/	/ʃ/
6			
7			
8			
9			

3. CD 2 - tr. 22 **Ascolta e scrivi le parole dell'attività precedente.**

/ɲ/	/ʎ/	/ʃ/
bagno		

4. CD 2 - tr. 23 **Ascolta le parole e sottolinea le sillabe accentate.**

camera	città	farmacia
pavimento	nazionalità	telefonata
cassetta	perché	caffè
camicia	ipotesi	ditta

PERCORSO 8 IL TEMPO LIBERO

- I **suoni** /mm/ gra**mm**o; /nn/ a**nn**o; /rr/ fe**rr**o; /ll/ co**ll**o

1. CD 2 - tr. 24 **Ascolta queste coppie di parole. Ti sembrano uguali o diverse?**

	uguali	diverse
a		×
b		
c		
d		
e		

	uguali	diverse
f		
g		
h		
i		
l		

Hai fatto caso che nella lingua italiana ci sono moltissime parole con consonanti intense? Ad esempio ga***tt***o, bi***rr***a, ba***ss***o, ecc. In questo percorso e nei successivi, parleremo della loro pronuncia.

I suoni intensi /mm/ /nn/ /ll/ /rr/ sono più "lunghi" dei suoni brevi /m/ /n/ /l/ /r/. Per pronunciarli devi allungare il loro suono. Cioè devi fermarti su /mm/ /nn/ /ll/ /rr/ un po' più a lungo di quanto fai per /m/ /n/ /l/ /r/.

2. CD 2 - tr. 25 **Ascolta le parole.**

arrosto	grammatica	pollo
anno	errore	dello
penna	ferro	capelli
terra	annoia	gomma

3. Sottolinea le consonanti doppie nelle parole dell'esercizio precedente.

4. Con un compagno, esercitati a pronunciare le parole dell'esercizio precedente, sostituendo alle consonanti doppie le corrispondenti consonanti semplici.

Esempio: arrosto ----------→ *arosto   grammatica ----------→ *gramatica

GLOSSARIO »

Elenco in ordine alfabetico delle parole contenute in questo volume.

- Il numero a fianco di ogni parola corrisponde al percorso in cui il termine viene usato per la prima volta.
- Gli aggettivi e i sostantivi sono quasi sempre indicati solo nella forma del maschile singolare. I verbi sono all'infinito.
- Non compaiono i nomi degli stati che non variano da lingua a lingua, come "Senegal", e le parole internazionali, come"sport", "privacy" che hanno lo stesso significato ovunque.

A

abbastanza	2
abbinare	1
abbondantemente	6
abbracciare	3
abbraccio	5
abbreviato	5
abbreviazione	3
abilità	2
abitante	4
abitare	1
abitudine	7
accentato	7
accento	1
accettare	1
acciuga	7
accogliente	5
accompagnare	6
acconsentire	4
accordo	3
aceto	7
acqua	2
ad	4
adeguarsi	8
adesso	1
aereo	1
aeroplano	8
aeroporto	2
affare	7
affermativo	1
affermazione	2
affittare	2
affitto	2
affollato	8
agente	1
agenzia	2
aggettivo	1
aggiungere	4
agli	4
aglio	7
agosto	4
agricoltura	3
agriturismo	5
ai	3
aiutare	3
aiuto	1
al	2
albergo	3
albero	4
albero genealogico	4
alcuni/e	1
alfabeto	1
alimentari	6
all',alla,alle	1
allegro	5
allenamento	6
allevamento	8
allora	1
allungare	8
almeno	3
alto	3
altro	1
alzarsi	1
amare	3
ambientalista	8
ambiente	4
America,americano	1
amico	1
amministrazione	3
ampio	8
analisi	1
anche	1
ancora	2
andare	2
andata	8
animatamente	8
anno	2
annoiare	8
annunciare	2
annuncio	2
antipasto	7
anziano	4
aperto	6
apertura	6
appartamento	2
appendice	2
apprendimento	4
apprezzare	7
appuntamento	5
aprile	3
aprire	1
arancione	5
architetto	5
arco	5
Argentina,argentino	1
argomento	4
armadio	4
aromatico	7
arrabbiato	7
arrangiarsi	6
arrivare	3
arrivederci	1
arrosto	7
articolato	5
articolo	2
artista	5
ascendente	2
asciugare	7
ascoltare	1
ascoltatore	8
ascolto	1
asilo	4
aspettare	2
associazione	8
assorbente (agg.)	7
asterisco	5
astronave	6
atmosfera	6
attenzione	1
attesa	2
attico	5
attività	1
attorno	3
auguri	5
aumentare	6
australiano	1
austriaco	2
auto	5
autobus	2
autunno	5
avanguardia	8
avere	1
avvenire	8
avvolgere	7
azione	6
azzurro	5

B

bacio	3
bagno	2
balcone	5
ballare	8
ballo	8
bambino	3
banca	2
banco	4
bar	2
barba	6
barbiere	4
base	7
basilico	7
basso	4
battaglia	2
bellissimo	3
bello	2
bene	1
benissimo	3
benvenuto	1
bere	2
bevanda	7
bianco	5
bibita	7
bicchiere	8
bicicletta	2
bidè	3
biglietto	2
biliardo	5
birra	7
birreria	8
biscotto	7
bisogno	3
blu	5
bolletta	8
bollire	7
bolognese	7
borsa	5
borsa di studio	3
bosco	8
bottiglia	5
braciola	7
Brasile	2
brasiliano	1

cuocere 7
cuoco 6
curare 3
curioso 8
CV 3

D

da 2
dagli, dai, dal,dall',
dalla, dalle, dallo 5
dare 2
data 6
dato 2
davanti 2
davvero 2
decidere 2
dedicare 4
dedurre 8
definizioni 3
dei,del,della,delle,
dello 1
deluso 6
densità 7
dente 7
dentro 8
dépliant 8
depresso 6
descritto 6
descrivere 4
descrizione 5
desiderio 5
destinazione 2
destra 4
determinare 4
determinativo 2
detersivo 6
dettagliato 7
dettare 1
detto 4
di 1
dire 1
dialogo 1
diario 1
dicembre 5
dieci 1
dieta 7
dietro 5
differenza 5
difficile 2
diffusa 7
dimenticare 7
dimostrativo 4
dipendere 7
dipingere 8
diritto 6
discendente 2
discorrere 8
discoteca 6
discussione 8
discutere 7
disegnare 5
disegno 4
disoccupato 5
disponibilità 3
disporre 7
ditta 3
divano 5
diventare 4
diverso 2
divertente 6
dividere 1
divorziare 4
dizionario 3
doccia 5
documento 1
dolce 7
domanda 1
domani 3
domenica 5
donna 1
dopo 4
dopoguerra 8
doppio 2
dormire 4
dottore,dott. 1
dove 1
durante 5
durare 3
duro 3

E

e 2
ecc. 2
eccellenza 8
ecco 1
Ecuador 3
ed 1
edificio 6
eh 5
elemento 6
elenco 8
elettrodomestico 5
elezioni 7
elfo 6
eliminare 4
emancipazione 8
emozionante 8
enorme 6
entrare 4
erba 8
eroe 6
errore 2
esattamente 2
esclamare 2
esempio 1
esercitare 8
esercizio 1
esilio 6
esistere 5
esperienza 3
espressione 1
espresso 8
esprimere 1
esse 1
essere 1
estate 4
estivo 6
età 2
etimologia 3
etto 7
euro 5
Europa 5
europeo 3
evaporare 7
evento 8

F

fabbrica 5
facile 3
fagiolo 7
falso 2
fame 4
famiglia 3
familiare 3
famoso 6
fantasia 5
fantasma 6
fare 1
farina 7
farmacia 7
fascino 7
favore 1
favorire 4
febbraio 3
felice 3
femminile 1
ferragosto 8
ferro 8
ferroviario 2
festa 4
fetta 7
fettina 7
fiamma 7
fianco 1
figlia 4
figlio 4
figura 1
finalmente 2
fine 2
finestra 5
finire 1
fino a 6
fiore 6
fisica 2
fiume 6
foglia 7
fonologia 1
forma 1
formaggio 7
formale 1
formare 1
fornire 8
forno 5
forse 1
forte 4
fortuna 4
fortunato 5
forza 6
foto 1
fotografia 4
fra 2
Francia, francese 1
francobollo 2
frase 1
fratello 3
freddo 6
frequentare 4
frequenza 6
fresco 7
fretta 7
frigo 7
frigorifero 5
frittella 7
fritto 7
frittura 7
fronte 5
frutta 7
frutto 7
fungo 4
fuoco 7
fuori 3

G

gambero 7
gara 7

garage	5
garofano	7
gasato	7
gatto	2
gelato	2
genealogico	4
generale	6
generalmente	7
generazione	6
genitore	4
gennaio	5
gente	3
gentile	6
gentilmente	4
geografia	2
Germania	2
già	4
giacca	7
giallo	5
Giappone	2
giapponese	1
giardinaggio	8
giardino	3
ginnastica	8
giocare	1
gioco	5
giornalaio	3
giornale	2
giornata	6
giorno	1
giovane	3
giovedì	6
giù	7
giugno	3
giusto	2
gli	1
globale	6
gola	2
gomma	4
governatore	6
governo	6
gradatamente	7
grafico	3
grammatica	4
grammo	7
Gran Bretagna	6
grande	2
grappa	7
grasso	4
grattugiato	7
grazie	1
grembiule	6
grigio	5
griglia	7
gruppetto	8
gruppo	1
guadagnare	5
guardare	1
guarnire	7
guida	3
guidare	3

I

idea	1
idraulico	3
ieri	7
il	1
imbarco	2
immaginare	4
immagine	1
immancabile	8
immediato	2
imparare	3
impegno	8
impianto	8
impiegato	2
importante	2
importanza	7
in	1
incollare	1
incontrare	6
indeterminato	3
indicare	2
indicativo	1
indicazione	5
indipendente	5
indirizzo	1
indovinare	3
industria	3
inferiore	8
infermiere	3
infine	5
infinito	6
informale	1
informatico	3
informazione	1
ingegnere	3
Inghilterra	2
inglese	1
ingredienti	7
ingresso	5
iniziale	7
inizio	8
innaffiare	8
inquietante	6
insalata	7
insegnante	1
insegnare	4
inserire	4
insieme	3
insopportabile	5
intellettuale	6
intelligente	3
intendere	8
intenso	8
intero	3
interessante	2
interno	5
interrogativo	1
intervenire	3
intervista	8
intervistare	3
intonazione	2
intransitivo	8
invece	2
inventare	7
inverno	5
inviare	3
invidia	5
invisibile	7
invitare	4
invito	4
io	1
ipotesi	3
irregolare	3
irrinunciabile	8
Italia, italiano	1

L

là	6
la,le,lo,l'	1
laboratorio	8
lampadario	5
lasagne	7
lasciare	4
latte	7
latticini	7
laurea	3
laureato	3
lavandino	3
lavare	3
lavarsi	4
lavorare	1
lavorativo	3
lavoratore	8
lavoro	1
legame	4
leggere	1
leggermente	6
legume	7
lentamente	7
lessico	2
lettera (*dell'alfabeto*)	1
lettera (*postale*)	2
letterario	3
letterato	6
letto	5
lezione	1
lì	8
liberazione	6
libreria	5
libro	1
liceo	4
lievito	8
limone	7
linea	8
lingua	1
lista	1
litro	7
livello	7
locale	5
località	2
localizzare	4
lontano	8
loro	1
luglio	5
lui,lei	1
lunedì	2
luogo	2
lusso	3

M

ma	1
macchina	1
macellaio	3
macinato	7
madre	1
maestra	8
magari	7
maggio	5
maggioranza	6
maglia	8
magro	4
mai	2
maiale	7
mamma	4
mancanza	4
mancare	5
manciata	7
mangiare	2
mano	5
manzo	7
margherita	7
marito	4
marmellata	7
Marocco, marocchino	1

marrone	5
martedì	6
marzo	5
maschile	1
mascolinità	6
massimo	5
matematica	1
matita	4
matrimonio	4
mattina	3
mattino	6
maturo	7
mazzetto	7
me, mi	1
meccanico	3
media	6
medicina	3
medico	3
medio	4
meglio	2
mela	7
melanzana	7
melone	7
membro	6
meno	3
mensa	7
menta	7
mentre	6
menù	7
meraviglia	2
meraviglioso	3
mercato	8
merenda	7
merendina	7
merluzzo	7
mescolare	7
mese	2
messaggio	2
mestiere	3
metà	7
metropolitana	2
metterci	5
mettere	1
mezzanotte	6
mezzo	4
mezzogiorno	4
mia, mie, miei	4
migliaia	4
migliore	6
milione	5
minerale	2
minigolf	8
minimo	3
minuto	2
mio	2
misto	7
misterioso	8
misura	8
mobile	5
modernizzarsi	8
moderno	3
modo	1
moglie	3
molto	1
momento	4
mondo	6
monolocale	5
montaggio	6
montagna	3
monumento	2
morte	6
mostro	6
mostruoso	6
motivazione	3
moto	5
mountain bike	8
mozzarella	1
multisala	8
muratore	3
museo	6
musica	3
mutuo	5

N

napoletano	5
nascere	8
Natale	4
natura	8
navale	2
nave	1
navigare	8
nazionale	3
nazionalità	1
ne	1
necessario	2
necessità	7
negativo	1
negli, nei	5
negozio	3
nel, nell', nelle	3
nella	1
nero	4
nessuno	5
niente	5
nipote	4
no	1
noi	1
noioso	8
nome	1
non	1
nonno	4
nord	5
norma	8
normale	6
normalmente	1
nostro	3
novembre	5
numerale	7
numero	1
nuotare	4
nuovamente	1
nuovo	1

O

occupare/si	6
offerta	3
officina	3
offrire	3
oggetto	2
oggi	5
ogni	2
olio	7
opera	1
operaio	3
opinione	4
oppure	1
ora (nome)	2
orario	6
ordinale	7
ordinare	2
ordinare	7
ordine	1
origano	8
origine	6
ormai	2
orologio	6
ortaggio	7
ospedale	3
ospite	7
osservare	1
ottenere	3
ottimo	8
ottobre	3

P

pacchetto	7
padre	3
paese	2
pagare	4
pagina	1
paio	4
palazzo	5
palestra	5
pallavolo	8
palma	6
pane	7
panino	6
papà	6
pappa	6
paragrafo	5
parcheggio	5
parco	5
parente	6
parentesi	4
parlare	1
parmigiano	7
parola	1
parrucchiera	3
parte	4
partenza	2
participio	8
particolare	3
partire	4
Pasqua	8
passaporto	1
passare	4
passaverdura	7
passeggero	1
passeggiata	8
passione	3
pasta	2
pasto	3
patata	7
patatina	5
patente	3
paternità	6
patriarca	4
patriarcale	4
pausa	3
pavimento	5
penna	3
penne (pasta)	7
pensare	5
pensione	4
pensionato	8
pentola	7
pepe	7
peperoncino	7
peperone	7
per	1
per favore	1
pera	7
percentuale	5
perché	1
percorso	1
perdere	6

perfetto	1
pericolo	6
pericoloso	8
periferia	8
periodo	4
perla	2
permesso	3
permettere	8
però	3
persona	1
personaggio	3
personale	1
pèsca	7
pesca	8
pesce	7
pezzetto	7
pezzo	2
piacere (verbo)	3
piacere	1
piangere	8
piano *(casa)*	4
pianta	5
piantina	5
pianura	2
piatto	6
piazza	1
piccolo	2
piede	6
pieno	2
ping pong	5
piscina	4
pisello	7
pista	8
più	2
pizza	2
pizzeria	3
plurale	1
po'	1
poco	5
poeta	5
poi	2
politica	6
polizia	1
poliziotto	3
pollo	7
poltrona	5
pomeriggio	3
pomodoro	7
ponte	3
popolazione	2
popolo	3
porre	8
porta	4
Portogallo	3
portoghese	1
positivamente	4
posizione	6
possedere	5
possessivo	4
possesso	4
possessore	4
possibile	5
possibilità	2
posta	6
postale	2
posto	2
potente	6
potere	3
pranzare	6
pranzo	4
pratica	7
praticare	1
prato	5
precedente	2
preferire	4
prefisso	2
prego	1
premio	8
prendere	2
preoccupare/si	6
preparare	5
preparazione	7
preposizione	2
presentare	1
presentarsi	3
presente	1
prestito	4
presto	1
prevedere	4
prezzemolo	7
prezzo	5
prima	3
primavera	5
primo	5
principale	1
probabilmente	3
problema	5
procedere	4
prodotto	2
produrre	3
produzione	8
professione	3
professionista	8
professore	2
professoressa	1
pronome	1
pronto	1
pronuncia	3
pronunciare	2
proprietà	5
proprio (avv.)	4
prosciutto	7
prossimo	4
protagonista	6
provare	1
provenienza	5
proverbio	3
provincia	5
psicologo	2
pubblico	2
puledro	8
pulire	6

Q

quaderno	4
quadro	4
qualche	3
qualcosa	2
quale	1
qualità	7
qualsiasi	5
quando	1
quanto	2
quasi	4
quello	3
questo	1
qui	1
quindi	4
quiz	1
quotidiano	6

R

raccogliere	7
raccontare	5
radio	2
ragazzo	1
raggiungere	8
ragù	7
rametto	7
rapido	6
rappresentante	3
raramente	6
raro	8
recipiente	7
recuperare	8
regalare	8
regalo	6
regia	6
regione	2
regista	6
registrazione	3
regno	6
regola	1
regolare (agg.)	3
relativo	4
relazione	4
religioso	4
remoto	8
rendere	2
residente	2
residenza	1
responsabile	3
restare	
rete	3
riassunto	6
riassumere	7
ricco	5
ricerca	7
ricercatore	6
ricetta	7
ricevere	7
richiedere	3
richiesta	3
richiamare	8
ricordare/si	1
riempire	6
riflessivo	6
riga	4
riguardare	5
rilassante	8
rimedio	8
rinfrescarsi	6
rinunciare	6
riordinare	1
riparare	3
ripartire	8
ripasso	5
ripetere	1
riposare	6
ripostiglio	5
riprendere	8
riquadro	1
risalto	6
riscrivere	1
risotto	7
rispetto a	5
rispondere	1
risposta	1
ristorante	2
ristrutturato	5
ritmo	8
rito	4
ritratto	6
ritrovare	7
ritrovo	8
riunione	8

riuscire	8
rivista	5
rompere	7
rosa *(colore)*	5
rosa	8
rosolare	7
rosso	3
rotondo	5
ruolo	6
russo	1
rustico (casa)	5

S

sabato	3
salario	3
sala	2
sale	7
salire	8
salsa *(danza)*	1
salsa *(cibo)*	7
salsiccia	7
salume	7
salute	4
saluto	1
santo	5
sapere	1
sapore	7
sauna	5
sbagliare	7
sbattuto	7
scalzo	6
scambiare	8
scarpa	3
scarso	6
scatenarsi	8
scatola	7
scegliere	2
scelta	4
sceneggiatura	6
scenografia	6
scheda	2
schema	4
scherzare	4
schiera	5
sciare	8
sciocco	7
sciopero	7
scolare	7
scolastico	6
scolatoio	7
scommessa	5
scommettere	5
scoperta	1
scoprire	8
scorso	5
scrittore/scrittrice	6
scrivere	1
scuola	1
scusare	1
se	2
sé	4
secolo	8
secondo	3
sedano	7
sedentario	8
sedersi	1
sedia	5
segno	1
segretaria	1
segreto	6
seguente	1
seguire	4
sembrare	4
semplicemente	8
sempre	2
senso	3
sentire	2
senza	4
separazione	4
sequenza	6
sera	3
serata	7
serietà	3
servire	3
servizi	2
sete	7
settembre	3
settimana	2
settore	3
sì	1
si	1
sia	4
sicurezza	6
sigaretta	4
significare	3
significato	1
signor, signora	1
silenzio	4
sillaba	3
simile	1
simpatico	3
singolare	1
sinistra	4
sintesi	1
sistema	3
situazione	1
società	6
socio	3
sodo	7
soggetto	1
soggiorno	5
sogno	3
soldi	2
sole	8
solitamente	4
solito	4
solo (avv.)	1
solo (agg.)	5
soluzione	5
sonoro	2
sopportare	6
sopra	7
soprattutto	4
sopravvivere	6
sordo	2
sorella	4
sostantivo	3
sostituire	6
sotto	1
sottolineare	1
spaccato	7
spaghetti (plurale)	7
Spagna	2
spagnolo	1
spargere	7
sparire	8
spaventarsi	3
spazio	4
specchio	5
speciale	5
specializzazione	3
specifico	7
spesa	5
spesso (agg.)	7
spesso (avv.)	1
spettatore	8
spicchio	7
spiegare	4
spiegazione	2
spinaci	7
sporco	3
sposare	8
sposato	3
spuntino	7
squadra	3
stagione	3
stamattina	8
stanco	2
stanza	2
stare	1
stasera	3
stazione	2
stella	8
stesso	2
stirare	6
storia	3
storico	5
stragrande	6
straniero	2
strano	6
strategia	4
stressante	8
strizzare	7
strumento	8
studente	1
studiare	1
studio	3
studio *(stanza)*	2
stupendo	8
su	2
sua	1
subito	3
succo	7
sud	5
sudafricano	1
suggerire	4
sugli	5
sugo	7
sui, sul, sull', sulle,	1
sulla	2
suo	1
suoi	4
suonare	3
suono	1
superficie	2
supermercato	3
svegliarsi	3
Svezia	5
svolgere	2

T

tabella	1
tabellone	6
tacchino	7
tagliare	7
tailandese	8
tanto	3
tappeto	5
tardi	5
tassista	3
tavola	4
tavolo	2
taxi	2
tazza	7
tè	7
te	1

teatro	4
tecnica	6
tedesco	1
tegame	7
telefonare	2
telefonata	4
telefonico	3
telefono	1
televisione	2
tema	1
temperamatite	4
temperato	5
temperature	8
tempo	2
tempo libero	6
temporale	8
tenente	6
terminare	7
terminazione	1
termine	7
terra	5
terrazza	5
terrina	7
terrore	6
terziario	3
terzo	4
testata	5
testo	1
tetto	5
ti	1
tipo	3
tipologia	4
titolo	3
toccare	2
togliere	7
toilette	2
tonico	1
tonno	7
tornare	2
torre	1
torrente	8
torta	7
totale	1
totocalcio	5
tovagliolo	7
tra	1
tradizionale	7
traffico	5
traghetto	8
tranquillo	3
transitivo	8
trascorrere	8
trasformare	1
trasloco	5
trasporto	3
treno	1
tritato	7
troppo	4
trovare	1
tu	1
tua, tuoi	1
tue	4
Tunisia	4
tuo	2
Turchia	2
turco	1
turismo	1
turista	6
turistico	3
turno	1
tutto	1
tv	6
U	
ufficio	2
uguale	4
ultimo	3
un,una,uno	1
unico	5
unione	3
unire	3
unità	6
unito	3
università	1
uomo	3
uovo	7
urgentemente	2
urlare	8
usare	1
uscire	6
uscita	2
uso	3
V	
vacanza	1
valere	8
valigia	5
vario	5
vassoio	7
Vaticano	8
vecchio	2
vedere	1
vegetazione	7
velocemente	6
vendere	3
venire	3
veramente	3
verbo	1
verde	4
verdura	3
vero	2
versare	7
verso	3
vestito	6
vi	4
via	2
viaggiare	3
viaggio	1
vibrazione	2
vicino	1
video	5
vignetta	1
villa	5
villaggio	3
vincere	4
vincitore	8
vino	2
viola	5
violino	3
virtù	7
visitare	8
vissuto	8
vita	4
vivere	1
vocale	2
voi	1
volere	3
volo	2
volta	2
voltarsi	8
vorrei	1
vostro, vostra, vostre	4
vostri	3
W	
water	5
wc	2
Y	
yogurt	7
Z	
zio,zia	4
zona	3
zoo	5
zucchero	7
zucchino	7
zuppa	7
zuppiera	7

Finito di stampare nel mese di Settembre 2011
da Grafiche CMF - Foligno (PG)
per conto di Guerra Edizioni - Guru s.r.l.